编委会名单

主　　编　吴巨慧

执 行 主 编　袁　旦　董　超

副　主　编　胡洪武　金尤优

编委会成员　（按拼音排序）

　　　　　　冯　剑　黄　琼　金　鑫　劳纯燕　励立庆　林珍珍　刘娅婷

　　　　　　毛诗焙　潘鹏程　乔婧芳　单丹丹　施祺方　王　璇　夏　航

　　　　　　徐铖铖　徐吉洪　徐小芸　严　昊　杨延圣　章杭科　朱珈楠

溯采师道

研究生导师的育人故事

吴巨慧◎主编

THE DAO OF MENTORSHIP

STORIES FROM GRADUATE FACULTY

ZHEJIANG UNIVERSITY PRESS

浙江大学出版社

·杭州·

图书在版编目（CIP）数据

溯采师道：研究生导师的育人故事 / 吴巨慧主编 .
杭州：浙江大学出版社，2025. 5. -- ISBN 978-7-308
-26253-8

Ⅰ . K825.46

中国国家版本馆 CIP 数据核字第 20253TF825 号

溯采师道：研究生导师的育人故事

吴巨慧　主编

策划编辑	吴伟伟
责任编辑	马一萍
责任校对	陈逸行
封面设计	雷建军
出版发行	浙江大学出版社
	（杭州市天目山路148号　邮政编码310007）
	（网址：http://www.zjupress.com）
排　　版	大千时代（杭州）文化传媒有限公司
印　　刷	杭州高腾印务有限公司
开　　本	889mm×1194mm　1/16
印　　张	20.25
字　　数	286千
版 印 次	2025年5月第1版　2025年5月第1次印刷
书　　号	ISBN 978-7-308-26253-8
定　　价	88.00元

谨以此书献给所有为浙江工业大学研究生

培养做出重要贡献的导师！

序

2003 年，习近平同志在浙江工作期间，曾在给浙江工业大学建校 50 周年的贺信中希望，"把学校建设成为各类优秀人才的培养基地和工程科学技术的研究开发基地"。20 余年来，学校始终牢记习近平同志的殷殷嘱托，将其融入学校事业发展的血脉，全方位、深层次地践行于育人育才、科研创新的征程。学校以培养堪当民族复兴重任的时代新人为使命，聚焦"两个基地"建设目标，深耕思政育人领域，结出了累累硕果。学校涌现出一大批爱岗敬业、倾心育人的教育工作者，他们如点点烛火，照亮学生的成长之路；与此同时，一批又一批德才兼备、勇担使命的优秀学子，带着母校的教诲与期望，从这里奔赴四方，在各行各业发光发热。我们深入挖掘了他们的精神内核与成长经验，希望以"浙江工业大学思政育人故事丛书"的形式，为广大读者展现榜样的风采。

《溯采师道：研究生导师的育人故事》作为丛书的开篇之作，遴选了浙江工业大学 48 位研究生导师的育人实例。"溯采"寓意"溯源科学之本质，采撷文化之精髓"，它不仅是浙江工业大学研究生思政育人工作经多年积淀而形成的品牌，也彰显着学校对教育本真的执着追求。

"师氏，中大夫。"（《周礼·地官·师氏》），郑玄注曰："师，教人以道者之称也。"师者所教之"道"，既指学识的传授，更含品格的引领。该书以"溯采师道"为名，旨在展示当代浙江工业大学研究生导师对"师道"内涵的生动诠释。他们满腔热忱地投身教育事业，将教育家精神奉为圭臬，不仅以"经师"之精研带领学生深耕学术沃土，更以"人师"之仁厚滋养他们的心灵。

"养子弟如养芝兰，既积学以培植之，又积善以滋润之。"翻阅研究生导师的育人故事，我们可以看见：有的导师深耕杏坛数十载，从青丝到华发，将毕生心血倾注于育人事业；有的导师坚持以"把论文写在大地上"的担当，从实验室到车间，从田野到书房，带领学生在前沿领域凿山开路、破冰领航；有的导师"用爱培育爱、激发爱、传播爱"，从科研到生活，将学识阅历化作润物春雨，守护每株幼苗拔节生长……他们以生为本的育人情怀、经世致用的学术追求和敢为人先的开拓精神，铸就了浙江工业大学研究生教育的独特品格，化作了这所历经 70 余载风雨洗礼的高等学府的珍贵底色。

这本研究生导师育人故事集，既是对过往的深情回望，也是对未来的期待畅想。我们深知在新时代的浪潮中，研究生教育肩负着为国家培养高层次创新人才、推动科技创新与社会进步的重要使命。我们希望通过展示研究生导师对浙江工业大学"艰苦创业、开拓创新、争创一流"精神传统的传承与践行，激励更多师生在新时代的征程上书写挺膺担当的奋斗答卷。我们更希望将此书献给所有躬耕一线的研究生教育工作者，让大家从这些生命影响生命、智慧唤醒智慧的师者典范中汲取奋斗的力量，共同探寻教育家精神的时代内涵，为研究生教育事业的蓬勃发展注入不竭的力量。

书稿付梓之际，古运河畔的海棠历经几度风雨却仍在怒放。其坚韧与芬芳，恰如书中师者如磐的初心与赤忱的坚守。愿这些师道故事成为薪火相传的载体，让"厚德健行"的校训永远闪耀，让"躬耕教坛、强国有我"的抱负在教育强国建设的征程中激荡回响！

蔡袁强

浙江工业大学党委书记

2025 年春于古运河畔

目录

高从堦
问渠那得清如许，为有源头"膜"水来　　002

王建国
做有用的科研　　009

张 诚
看！这是一支闪光团队　　014

周春晖
我想带同学们去看一个更大的世界　　019

王 亮
保持热情和努力，永往直前　　025

傅正伟
为学为人皆楷模，争做优秀引路人　　030

葛璟燕
躬耕教坛守初心，宽严相济育新人　　035

苏为科
站在国际前沿，为青年开启梦想天窗　　042

王 平
严谨笃学潜心育人，师恩如山惠泽后学　　049

童胜强
传道授业引人入"胜"，桃李春风发奋图"强"　　　055

宋 爽
春风不语化桃李，弦歌不绝润新苗　　　062

张 全
敬业与热情双"全"，潜心育人酿佳"蜜"　　　069

王 旭
教书育人，是我一生无悔的选择　　　075

徐立新
科研之路没有捷径，唯有坚持　　　082

张文魁
教书育人这件事，来不得一点马虎　　　090

孙培龙
以大德传道、以博学授业、以师爱解惑　　　098

周绪霞
师以匠心弦歌不辍，赓续初心砥砺深耕　　　105

姚建华
百年树人一束"光"，德馨如炬照前方　　　112

高增梁
熬岁月于灯下寻真理，存信念于学术写诗篇　　　118

袁巨龙
砥砺前行攀高峰，笃行不怠育英才　　　125

陈 勇
以师之学促生智，以师之思扶生志　　　　　　131

何德峰
以赤诚之心育万千桃李，献毕生精力铸栋梁砥柱　　138

张贵军
尽满腔之热血育桃李，穷毕生之所学扶栋梁　　　144

欧林林
以知识之光照亮未来，以学术之道培育英才　　　150

曹 斌
深耕漫漫科研路，厚植殷殷师生情　　　　　　　156

孙国道
师以匠心逐梦行，学思践悟踏浪归　　　　　　　163

高 飞
提灯引路终无悔，只为桃李竞相开　　　　　　　170

周欣竹
如母如友，德馨永流芳　　　　　　　　　　　　177

许四法
敲敲许老师的门，有糖吃！　　　　　　　　　　183

朱 涛
走在前沿，引导学生探索浩瀚宇宙奥秘　　　　　189

吴 彬
燃一腔热情教书育人，献满腹才情培育栋梁　　　195

任 博
怀博学笃志科研心，走任重道远育人路 202

李正卫
孜孜不倦学者路，谆谆教诲师者心 208

吴 宝
启智慧之光，育未来之才 215

徐维祥
潜心传道育桃李，砥砺深耕满园芳 222

杜群阳
教诲如春雨润物无声，师德似秋菊高洁有香 228

吴向明
倾一腔之热血灌桃李，用毕生之所学筑高峰 234

汤玉龙
师以匠心弦歌不辍，赓续初心立德树人 242

闫建华
春风沐桃李，"闫师"出高徒 248

肖瑞峰
桃李不言，下自成蹊的学术引路人 256

杜艳艳
向风偏笑"艳"阳人 262

陈前虎
满腔热忱育英才，竭尽所学扶栋梁 270

吴剑锋
剑锋指路扶栋梁，桃李成蹊共逐光   277

杨杰辉
凭法学智慧铸未来，以德才兼备育英才   283

李德健
持学术之尺量天地，铸师德之魂育英才   289

毛建青
教育是一场温柔与爱的坚持   295

章秀英
以诚意正心为本，以格物致知为先   302

肖剑忠
春风化雨育英才，桃李不言自成蹊   308

后　记   313

🔶 **导师简介**

　　高从堦，中国工程院院士、国际知名化工分离专家、中国膜分离技术领域开拓者之一，浙江工业大学膜分离与水处理协同创新中心主任。曾两度获国家科学技术进步奖一等奖，以及何梁何利基金科学与技术进步奖，浙江省科学技术重大贡献奖，省部级科技进步奖一、二、三等奖等十多项奖项。

问渠那得清如许，
为有源头"膜"水来

有这么一张膜，能够"对外向海洋要淡水，对内处理废水"；有这么一个人，奋斗一生只为一张膜，亲历了祖国膜技术万丈高楼平地起，以拳拳赤子之心为祖国捧出一汪清水。他就是中国工程院院士高从堦。翻开他的人生篇章，"膜"一字贯穿全篇，"奋斗"二字穿梭在字里行间。

踏上"膜"法之路

1942 年，高从堦出生于山东即墨的一个农村家庭。还未满 6 周岁时，高从堦就被姐姐抱进了旧时的小学堂，迈出了漫漫求学路的第一步。1957 年，高从堦考入青岛九中，他的化学老师刘宗锷为他打开了探索化学的大门。"刘宗锷老师把很多大学里的化学课程都讲给我们听。假期里，他还带着我们勤工俭学，从藻类中提取一种胶质卖给化工厂。从那时候起我就开始被化学的神奇魅力深深地吸引了。"高从堦回忆道。

1960 年秋天，高从堦怀着对化学浓烈的兴趣，以第一名的成绩考进山东海洋学院化学系。在那里，他遇到了化学系系主任闵学颐教授——中国膜技术研究的发起人之一，从此踏上了他的"膜"法之路。对于恩师，高从堦印象最深的就是他治学严谨的态度。中国的海水淡化技术研究，最早正是由闵学颐教授

高从堦在浙江工业大学 2024 级研究生开学典礼上讲述"膜"故事

带领包括高从堦在内的一批海洋化工研究者，从实验室开始做起来的。在良师的教导以及自身不懈的努力下，高从堦以优异的成绩从大学毕业。他深知海水淡化对国家的重要性，所以义无反顾地接过了老师的接力棒，继续从事膜技术的研究。就好比只有结满麦穗的麦子才会低头，面对自己取得的重大科研成果，高从堦总是谦逊地微笑说："现在有人说我是什么奠基人，其实我并不是，我的老师们才是，我只能算是一位后继开拓者。"

为一张膜奉献一辈子

高从堦的人生篇章无处不彰显着中国红的底色，他说："我们是国家哪里需要就到哪里，国家需要我们做什么就做什么。是国家的号召让我选择了海水淡化，也是国家的需求，让我一生都在研究海水淡化问题。"1967年，为解决我国多地少水的燃眉之急，全国海水淡化会战的号角正式吹响。高从堦被抽调为技术团队成员，从此踏上了海水淡化膜领域研究与开发的征程。

为尽快推进这一会战，高从堦在中国科学院化学研究所一待就是一百天。他和同事们一步一个脚印，从材料到配方再到生产条件，反复实验、改良、分析，终于在1968年初成功研制出了高性能的醋酸纤维不对称反渗透膜，脱盐率可以达到96%以上，率先实现了我国海水淡化反渗透膜从无到有的目标。1969年12月，全国海水淡化会战以制备出可稳定产水的小型海水淡化器为标志宣告圆满结束，前后历时两年四个月。

1970年，高从堦再次响应国家号召，来到了离家乡1000公里的杭州，青丝白发一念间，这一待就是几十年，他为一张膜奉献了一辈子，用自己的汗水和心血不断填补着我国膜技术的空白。

1974年，高从堦作为"中空纤维反渗透膜和组器研究"课题的负责人，因陋就简地建起了中空纤维抽丝实验室；在充分分析、论证国内外中空纤维反渗透膜和组器研究的发展状况以及既有研发的利弊后，确定开展三醋酸纤维素（CTA）中空纤维形成的热致相分离研究——这在我国尚属首次，这一干就是艰苦而漫长的10年；1984年，"CTA中空纤维反渗透膜和组器"项目成果获年度浙江省和国家海洋局科技进步三等奖；1989年12月，"中盐度苦咸水淡化用反渗透膜及组器研究"攻关项目通过国家海洋局鉴定，并于1991年获国家海洋局科技进步奖一等奖；1992年他作为第一完成人的"国产反渗透膜装置及工程技术开发"项目成果获得国家科技进步奖一等奖。

高从堦在实验室

2024年6月，高从堦作为主要牵头人之一的"新型膜法水处理关键技术及应用"项目获2023年度国家科学技术进步奖一等奖。这份荣誉背后，是他和同事们"十年'膜'一剑"的坚守。2013年，高从堦从零开始组建浙江工业大学膜分离与水处理协同创新中心，并在湖州建立研究院，设置中试基地。团队面向国家重大战略需求，联合多家优势单位，历经十余年攻关，从原理、材料、技术到工艺装备全链条、全流程创新，打破了发达国家近50年的垄断格局，实现了我国高端膜产品自主可控，使该技术及其应用处于国际领先水平。团队建成全球单机规模最大的海水淡化工程，用以支撑舟山石化超大炼化项目，为知名瓶装水公司提供膜净水处理系统，为全球头部生物医药公司高毒废水处理和高纯药物生产提供膜分离关键技术……成果在30个省级行政区得到应用，相关技术和产品出口到欧美日等 24 个国家，引领了膜法水处理技术与产业进步。"项目成果解决了我们膜材料领域的一些'卡脖子'问题，使我国的膜技术从大国迈向了强国。"高从堦说。

甘于做一颗永不生锈的"螺丝钉"

科研之余，高从堦积极投身教育事业，如春风化雨般，过境之处桃李绽放。他是恪尽职守的"园丁"，实验室里总有他指导学生的忙碌身影，风雨无阻；他是因势利导的引路人，把自己对文献的思考写下来并发给学生，鼓励他们思考与创新；他是淡泊名利的教育家，用自己的收入在高校设立高从堦奖学金，激励学生潜心学习、钻研学术。当在给学生授课的过程中，没有合适的教材时，高从堦就自己动手编写课程讲义；当看到国外最新科研成果时，他会把最新知识一并倾囊相授；不管行程多忙，他都会抽出固定时间指导学生；所有学生提交的汇报材料，他都会认真阅读，细心帮学生分析论文中存在的问题；在设计制造国内首条复合膜生产线时，他带着学生们一起开展设备安装、调试和复合膜试制，引导学生动手实践的同时还一一耐心解答他们的问题。

高从堦常说："做科研要顶天立地，顶天就是对膜领域最前沿的一些问题展开最基础的研究，立地就是把这些原创性的工作真正落地、实施。"

如今，年逾八十的高从堦依然坚守在教书育人的岗位上。他说："我想，未来是属于青年一代的，如果我们这一辈人的经验能给予青年一些启发，那就再好不过了。"他始终心怀国家和人民，甘于做一颗永不生锈的"螺丝钉"。科研探索、培养人才、指导应用，他从未止步。

导师寄语

我们要坚定"爱国奉献、勇攀高峰、严谨求真、集智攻关"的信仰，积极与国际水准接轨，真正将科学问题与实际工程技术相结合，解决国家重大生态环保难题。

学生感言

师者其心皎皎，如明月灯塔般照亮远方。高院士用自己半生的探索践行着一位科学家对学术的执着追求。他对科研的热情和坚持激励着我们在科研的道路上不断探索前行，为实现科技强国的梦想不懈奋斗。

——2022级硕士研究生史雨晴

王建国

🔹 **导师简介**

    王建国，浙江工业大学化学工程学院院长，教授、博士生导师，国家杰出青年科学基金获得者。王建国教授及其团队长期从事负载型催化剂的计算模拟、合成制备及应用研究，相关研究成果多次在化学化工领域的国内外知名期刊发表，累计200多篇。任教至今他累计培养100余名博士、硕士研究生。

做有用的科研

王建国与他的"纳米变法"

王建国对科研有着深深的热忱，始终遵循着以解决问题为导向和从一个方向深入研究这两个科研原则。"纳米催化剂就好像是孙悟空的金箍棒，威力大且变化多端。"他长期坚持以负载纳米金属催化剂为研究对象，采用多尺度模拟与实验相结合的方法，针对模拟计算与真实催化剂存在的"材料鸿沟"与"环境鸿沟"及催化剂结构精准调控开展研究工作，形成了多尺度模拟计算与实验相结合的特色。结合时代背景，坚持"四个面向"，让团队的科研工作与国家发展、民生大计同频共振，是王建国一直强调的科研创新的动力源泉。"碳达峰、碳中和""炼化一体化""绿色合成技术""绿色化、高端化、智能化"等关键词时常出现在他与青年教师讨论科研方向的对话中。他说："这些'碰撞'都会给团队带来不一样的科研生机。"

科研与教学并重

王建国始终全心全意，尽职尽责，引领学生踏入化工学科的大门，走好科学研究的道路。他非常重视学生的主观能动性的发挥。他强调："要坚定目标，厚积而薄发，将学习作为终身课题去践行。"

王建国为学生授课

　　进得了实验室，上得了讲台，这是王建国对于自己成为一名合格的人民教师的基本要求。在他眼中，实验室与讲台是教师职业发展的重要场所，缺一不可。站在讲台上，他能观察新一代大学生的关注点，捕捉他们的好奇心，"尊重他们，教的课要符合他们的'胃口'，这样才能形成教与学的良性互动"。"刚入学的时候，我觉得量化计算过于玄奥。王老师了解了我的想法之后，一步步教我基础操作。他在每周的组会以及他讲授的'计算化学'课上都会十分关注我的学习情况。他将晦涩难懂的知识点简化、具象化，帮助我触及复杂公式背后的本质，逐步培养我对量化计算的兴趣和学好它的信心。"王建国的学生、现任教于浙江师范大学的高怡静对于那段学习时光记忆犹新。

团队合作中的"传帮带"

　　不积跬步，无以至千里；不积小流，无以成江海。十几年的日日夜夜，王建国坚信高质量的科研成果依赖团队成员间的和谐合作与共同努力。

　　在王建国的团队中，"传承"是促进团队稳步共同成长的关键因素。为了实现这一目标，团队每周都会组织专题科研讨论会，成员们在会上分享他们在文献综述和实验操作方面的经验。高年级研究生主动向低年级同学介绍科研方法、科研工具的使用技巧等重要知识，帮助他们迅速适应新环境并加速成长。这种"传帮带"的模式已成为团队发展中不可或缺的一部分。通过教师与学生之间的相互学习以及学生间的互相支持，新加入的成员能够迅速融入团队，顺利完成从本科生到研究生的身份转换。这不仅促进了成员之间的快速磨合，也显著增强了团队整体的研究能力，提高了团队的协作效率。

育人也是"催化反应"

　　目前，王建国已累计培养了100余名博士、硕士研究生。他认为，不论科研还是教学，最终的导向都是"育人"。

　　作为王建国曾经的硕博连读研究生，2021年国家自然科学青年基金项目获得者、嘉兴市青年领军人才曹勇勇回忆道："读博就像一个催化反应，初态就是进入博士生涯学习，末态是博士毕业，过渡态能垒就是读博期间的各种困难，而导师则是催化剂，帮助我去降低反应能垒。"入学初期，曹勇勇在科研中不断经历挫折。王建国敏锐地注意到了他的情绪，不断开导他，安慰他，让他有了更大的动力从挫折中振作起来。随后的两年中，经过王建国的指导，曹勇勇的研究工作迎来了井喷式的发展：以第一作者的身份在国际高水平期刊发表论文 4 篇（其中一篇被选为封底论文），并获 IOP Publishing（IOP 出版社）旗下期刊年度"中国高被引文章奖"；以共同第一作者或第二作者（负责计算部分）的身份在《材料化学杂志 A》《化学催化化学》《今日催化》《应用表面科学》发表论文 4 篇。毕业后，曹勇勇赴美国交流学习，开展学术研究，后入职高校。

近年来，王建国课题组培养了以"中国大学生自强之星"李随勤同学为代表的一大批优秀人才，课题组多名同学在校期间获得国家奖学金，获评浙江省优秀毕业生等荣誉称号，多名毕业生毕业后赴高校、科研院所工作。

导师寄语

为人：大气、感恩；为研：踏实、创新。

学生感言

王老师不仅是我们科研路上的引路人，更是我们生活中的良师益友。他以严谨的科研精神和踏实的工作态度指导我们在学术探索中追求创新与卓越。同时，王老师也教导我们心怀感恩，做人大气，让我们在追求学术成就的同时，也学会了如何成为一个有责任感和奉献精神的人。

——2021 级博士研究生李随勤

张诚，浙江工业大学能源材料及应用国际科技合作基地主任，化学工程学院教授、博士生导师，入选浙江省"新世纪151人才工程"培养名单，中国感光学会电致变色专委会常务副主任。主持及完成国家国际科技合作专项、国家"973"前期研究专项等纵、横向课题20余项，在国内外权威期刊发表SCI论文200余篇，获得国际和中国发明专利授权140余项。曾获评教育部新世纪优秀人才，以及2017年度、2020年度浙江工业大学"我最喜爱的好导师"。

看！这是一支闪光团队

学思结合，研创并举

张诚始终坚持培养学生探索科学真理和独立思考的能力。为了让学生们更好地掌握科学研究的方法，他提出了"科研 1/3 方针"，即 1/3 的时间用于查阅文献和大胆推测，1/3 的时间用于整理数据和解决问题，1/3 的时间用于动手操作以实现创新。这种方法不仅让理论与实践相结合，还帮助学生们提升了科研水平，使许多研究生在读研期间就取得了重要的学术成果。

张诚（二排左十一）团队合影

凝心聚力，成就辉煌

作为团队的"大家长"，张诚深知营造良好的团队氛围是走向成功的必由之路，因此他格外重视对学生的组织能力的培养。他通过会务筹办、药品采购、测试服务等各类工作，让学生们在实践中锻炼组织与管理能力；他还通过组织团建活动、师生共同参与项目等方式增强团队的向心力。这些举措不仅促进了学生的全面发展，也为团队内部建立了高效的运作机制。

在第五届全国电致变色会议上，整个课题组圆满完成了大会组织工作，得到了中国感光学会电致变色专业委员会的高度评价。"这次组织大会，其实就是同学们日常自我管理的成果'检验'。"张诚说道。在张诚的领导下，有机光电功能材料与器件团队也被评为化学工程学院第十七届"卓越化工人"年度人物（团队）。

张诚（后排左七）及其团队筹办学术会议合影

引路明师，成就人生

在学生眼中，张诚不仅是学术上的指导者，更是他们人生的引路人。每当新的一批研究生到来，张诚都会开讲"开学第一课"，帮助新生们明确求学目标。他对学生的关怀无微不至，经常与学生沟通交流，了解他们的学习情况和心理状态，给予必要的支持和鼓励。张诚十分注重"格局"二字，他常说："遇到科研难关了，是绕着走，还是勇往直前？眼前利益与长远发展产生冲突了，是选择眼前还是长远？这些都是格局问题。"张诚还经常教导团队里的年轻教师要以身作则，以大格局和实际行动影响学生，帮助他们树立正确的价值观。团队内的青年教师也同样在学术科研上给予了学生们极大的支持与指导，成了学生们成长道路上不可或缺的良师益友。

教学相长，成果丰硕

在张诚的带领下，团队取得了令人瞩目的成绩。团队中多名同学获得了研究生国家奖学金。此外，李锦同学的毕业论文被评为2024年校级优秀毕业论文，邵明发同学被评为学院第十七届"卓越化工人"学生年度人物，李锦、邵明发、王嘉豪获得学院第十七届"年级之星"称号，李锦、王嘉豪获得学院第三届"创新之星"称号。团队还获评校级最美研究生实验室，院级优秀研究生纵向团队、优秀集体等荣誉。

在科研成果方面，团队承担了多项国家级、省级重要科研项目，并在多个国际权威期刊上发表了高水平论文。仅2023年，团队就在国内外期刊上发表了SCI论文26篇，获得发明专利授权16件，申请专利36件。此外，团队成员在国家级、省级竞赛中获奖20余项。

导师寄语

只有当你们拥有了广阔的视野和胸怀，才能在未来的研究道路上走得更远。

学生感言

研一刚进组时张老师就教导我们，一定要做好规划，向内询问自己的内心，向外开拓自己的资源，明白自己现在要做什么，未来该做什么。张老师教会了我做学问和做人的道理，是我人生路上的引路人。

——2022级硕士研究生崔建坤

周春晖

导师简介

周春晖，浙江工业大学化学工程学院研究员、博士生导师，入选浙江省"新世纪151人才工程"第一层次培养名单。主要从事非金属矿物化学化工、矿物功能材料等方面研究。主持完成5项国家自然科学基金项目和30余项省部级科技计划、自然科学基金、国际合作、企业合作等项目。已在国内外期刊发表论文200余篇，其中有论文系"中国百篇最具影响国际学术论文"之一，单篇他引超1600次。

我想带同学们去看一个更大的世界

在国际舞台发出中国声音

国际黏土矿物学会（AIPEA）是组织和指导黏土矿物科学研究的最高级别的国际学术组织。作为有史以来担任该学会重要职务的首位中国籍科技人员，周春晖认为，这不仅是国际学界对自己科研工作的认可，也是对浙江工业大学在黏土矿物化学化工方面科研水平和成就的认可。

周春晖及其课题组长期坚持黏土矿物、碳酸盐（石灰石、白云石）矿物的基础科学研究和技术研发。早在 2010 年，周春晖就成为 *Applied Clay Science*（《应用黏土科学》）国际期刊的编委，是第一位应邀担任该刊编委会的中国学者。2021 年周春晖还受邀担任 *Clay Minerals*（《黏土矿物杂志》）的首席主编。该杂志是行业内历史最悠久的刊物之一。周春晖认为与国际学者合作不仅是科研的需要，也是培养研究生的需要。

"要有深挚的家国情怀，同时也要有全球视野的人类情怀。"周春晖时常这样提醒自己的研究生们。依托我国在行星探索上的重大进步，周春晖指导研究生在 *ACS Earth and Space Chemistry*（《ACS 地球和空间化学》）期刊发表了题为"论火星黏土矿物研究中的未解之谜和解谜之深远又广泛的意义"（译题）的研究分析评论文章。该文章的第一作者——研究生钟坚强提到："刚开始接触火星黏土矿物研究这个课题的时候，我比较迷茫。周老师多次指导并给出主题、框架，并希望这项工作对黏土矿物科学研究和开发利用、对国家和世界的

周春晖等发起的国际化的科技论坛

火星探索有所作用。"值得一提的是,作为该工作的发起人和通讯作者,周春晖引用了屈原《天问》中的诗句"冥昭瞢暗,谁能极之?冯翼惟象,何以识之?",以英语十四行诗的风格将其进行翻译并设计在图文摘要中,在自然科学研究中传播了中华文化。

100% 可信赖的良师益友

"对于学生而言,要真正明白,做研究除不能缺少专业学问之外,还不能缺少科学技术学问和语言学问;以此来主动学习,补齐研究所需的'三驾马车',

周春晖（左四）和留学生们

这样方才可以夯实研究基础。"周春晖曾在《中国建材报》上发表"谈谈研究生教育的'三驾马车'"一文。"冰冻三尺，非一日之寒"，周老师认为，专业学、科技学和语言学作为研究生教育中的"三驾马车"，非一日就可以习得并运用自如的，须贯穿做研究的始终。

在留学生教育上，周春晖始终尽心尽责、全力以赴。他认为："当留学生受到良好的教育，回到他们自己的祖国，并为其国家做出贡献时，也就是浙江工业大学为世界做出了贡献。"

周春晖给留学生们留下了深刻的印象。来自赞比亚的弗里曼·B.卡布韦（Freeman B. Kabwe）曾是听过周春晖化学工艺课的一位本科学生，本科毕业后攻读硕士学位，申请周春晖作为其导师。2021年夏，弗里曼在周春晖的指导下完成了硕士论文答辩，毕业离校后给周春晖写了一封信，"It is because of those times that I have become responsible, professional, committed and hopefully, successful, in my research studies."（正是在您教导下的那些日子里，我学会了担当、专业、敬业、自信并获得了成功。）字里行间流露的是对周春晖耐心引导、不断勉励的感谢之情。周春晖与留学生的故事还有很多。另一位来自南非的留学生库扎伊·马楚瓦伊雷（Kudzai Machuwaire）也曾是听过化学工艺课的一位本科学生，他本科毕业两年后，欲前往美国田纳西大学（University of Tennessee）读博，第一时间联系周春晖给他写推荐信。在他眼里，"周老师就是一位100%可信赖的良师益友"。

对学生要寓教于行

对学生要因材施教，始终是周春晖的育人理念。"周老师几乎每周都会一对一辅导我们的课题研究、数据分析与论文写作。每次文献汇报之后，周老师都会让我们尝试将其写成科技新闻稿，从而锻炼我们的科研视野、实验创新思维，以及归纳、总结、论证和写作能力。"研究生李承苍说道。

周春晖也一直觉得培养学生应"适当放手"，引导他们在做实事中学，在做实事中研。"比如在指导学生进行英文论文写作时，明知道同学们会感到困难，但我还是先让同学们写，这是他们能力养成的必需途径。随后我再进行引导、启发，指出他们的写作错误，让他们在过程中一步步成长。"此外，周春晖还针对论文写作能力不强等研究生普遍存在的短板，从2008年就开设了"论文写作指导课"，那时还很少有学生愿意学习此课。直到2019年，教育部将"论文写作指导"设为必修课，这门"低人气"的课程终于迎来了春天。"这说明论文写作指导很有必要性，我14年的坚持是正确的。"周春晖欣慰地说。

导师寄语

困境是科学研究和技术开发过程中的必然遭遇和正常现象，我们要对困境有正确的认识，正是有在这些过程中所遭遇的困境中的锻炼，我们才能一步步成长。在学习和科研中，道路艰辛是正常状态，要学会领略沿途的风景。

学生感言

在周老师教导下的那些日子里，我学会了担当、专业、敬业、自信并获得了成功，周老师就是一位 100% 可信赖的良师益友。

——赞比亚留学生弗里曼·B.卡布韦（Freeman B. Kabwe）

王 亮

  **导师简介**

  王亮，浙江工业大学健行特聘教授、博士生导师、化学工程学院研究员、能源电催化课题组组长，入选国家海外高层次人才引进计划青年项目、浙江省高等学校"钱江学者"特聘教授。曾获浙江省"三育人"岗位建功活动先进个人、浙江工业大学研究生"我心目中的好导师"等称号。研究方向为能源电催化等。

保持热情和努力，
永往直前

言传身教，悉心育杰

　　王亮兢兢业业、恪尽职守，在培养学院的后备人才方面起到了举足轻重的作用。

王亮（前排右五）担任组长的能源电催化课题组合影

王亮注重培养学生的创新能力、解决问题的能力以及科研责任感。同时，他也深知长期坚持的重要性，一直把"认真"和"勤勉"深深地刻在自己逐梦的道路上，实验室的灯常常亮到半夜。在他的影响下，学生们耳濡目染，逐渐养成了勤奋工作的习惯。王亮课题组每一位同学的DNA中都深深地刻着"越努力，越幸运"的座右铭。

一人计短，众人智长

就像雨点最终的归宿是汪洋大海一样。王亮深知在化工领域单打独斗最终比不过"众人拾柴火焰高"。在他的团队中，凝聚着浙江省高等学校"钱江学者"特聘教授王鸿静等一批优秀教师。自2016年以来，团队在国际高等级期刊上发表了230余篇SCI论文，其中影响因子大于10的论文超过100篇。这些研究成果对催化剂工程、能源化工及绿色合成等交叉学科的发展产生了显著影响，并获得了五项中国发明专利的授权。此外，团队成员还多次受邀在国际及全国性专业会议上作主题报告及特邀演讲。

王亮对团队的重视也辐射到了团支部建设工作。团支部成员始终认为融洽、温暖的集体氛围与执着、热忱的科研追求对于团队的发展而言缺一不可，每年下半年的新生欢迎会以及6月的毕业生欢送晚会都有他们的身影，师生同台表演，自编自导自演自弹自唱，氛围满满，意义十足。

量身定制，个性成才

在研究生培养过程中，王亮非常重视学生的个性化发展。他深知只有让学生在自己感兴趣的领域发挥潜能，才能激发他们的热情和创造力。他根据每位学生的特长和兴趣，为他们量身定制了不同的研究方向，鼓励他们在特定领域深入探索。他所指导的学生不仅在高水平学术期刊上发表了众多高质量论文，还获得了多项荣誉。

自 2016 年招收首批硕士研究生起，王亮从实验室装修、购置设备到订购药品都坚持亲力亲为，与学生们齐心协力攻克科研难关。首批 4 名研究生在能源电催化领域共发表了 45 篇高水平研究论文，并申请了 12 项专利，均顺利进入博士阶段学习。2022 届 10 名毕业生全部荣获省级或校级"优秀毕业生"称号，其中 5 名硕士研究生分别考入中国科学技术大学、北京理工大学、北京航空航天大学等高校继续攻读博士学位，另有两位选择留组攻读博士学位。据统计，自 2016 年以来，王亮指导的学生中，共有 32 人次获得国家奖学金，此外还揽获多项学术荣誉，包括中国复合材料学会优秀硕士学位论文、浙江省优秀博士论文提名、浙江省优秀硕士学位论文等，累计获奖达 132 人次。

教书育人，成效卓著

王亮所指导的毕业生中，有 9 人任职高校，1 人在美国开展博士后工作，1 人在企业任职，其中 4 人获国家自然科学青年基金支持，1 人入选新疆"天池英才"引进计划。此外，王亮指导的硕士毕业生中有部分前往中国科学技术大学、新加坡南洋理工大学等国内外著名高校继续深造。值得一提的是，他指导的本科生王盛祺，在清华大学攻读研究生期间便在顶级期刊 *Nature Commun Ications*（《自然·通讯》）上发表了两篇论文，展现了突出的科研能力和学术水平。这些成就充分展示了王亮在学生培养方面的卓著成效，以及他在科研教育领域的深远影响。

导师寄语

希望你的努力能照亮整个人生，然后带着你的期许，去见你从未见过的风景。

加油！

学生感言

越努力，越幸运。我们实验室的故事，就是一首激情飞扬的青春赞歌。

——2021级博士研究生张虎刚

傅正伟

导师简介

傅正伟，浙江工业大学生物工程学院教授、博士生导师，浙江省高校"钱江学者"特聘教授。入选浙江省"新世纪 151 人才工程"第一层次培养名单、科睿唯安发布的 2024 年度"全球高被引科学家"名单、国际学术机构 ScholarGPS 全球前 0.05% 顶尖科学家榜单、斯坦福大学和爱思唯尔数据库"全球前 2% 顶尖科学家榜单"之"终身科学影响力排行榜"及"年度科学影响力排行榜"、爱思唯尔生物学学科领域（2020 年）及化学工程与技术学科领域（2021—2024 年）"中国高被引学者"榜单。曾获浙江省省级优秀教师暨浙江省高校优秀教师、浙江省高校优秀党员等称号。

为学为人皆楷模，
争做优秀引路人

笙磬同音，做学业的引导者

开好头、起好步。关于上好第一堂课，傅正伟认为"第一堂课至关重要！这是建立良好师生情感的重要环节，也是每位教师在课堂上取得成功的关键。"以"生理学"第一堂课的教学设计为例，傅正伟从理解课程性质、掌握课程内容、把握最新科研成果、激发学生学习热情、充分自我认知等环节做好充足准备，使学生在课堂上充分感受教师的"用心"与"热情"。他用丰富多彩的教学内容、前沿生动的科研实例、深入浅出的教学语言，将教学理念、内容和方法自然融入教学过程，实现激发学生科学探索的好奇心、传递教育正能量、传授健康教育理念以及准确理解社会竞争关系等教学目的。同时，傅正伟还从做有"温度"的教学、有"激情"的教学、有"启发"的教学、注意自身形象和人格魅力塑造等方面分享教学过程的注意点。

傅正伟承担了"生理学""免疫学""分子营养学""化学生物学"等本科生、硕士和博士研究生课程。他指导本科生和研究生成功申报并完成多项国家大学生创新计划、省新苗人才计划和校大学生创新创业训练计划等。

良师益友，做事业的陪伴者

傅正伟作为浙江省高校特聘教授和高校中青年学科带头人，不仅在学术界享有盛誉，更是学校科研和教学领域的领军人物。他深知科研能力对于高校教师的重要性，他将培养年轻教师的科研能力作为自己工作的重点之一。

傅正伟在帮助青年教师高质量完成教学任务的同时，更注重培养他们严谨踏实、实事求是的科学研究态度和敬业精神。他坚信，教师的科研能力直接影响着学校的教学质量和科研水平，因此，他不遗余力地为年轻教师提供指导和支持。

傅正伟经常组织研讨会和工作坊，邀请国内外知名专家学者进行交流，为年轻教师提供最新的科研动态和研究方法。他鼓励年轻教师参与重大科研项目，通过实践提升他们的研究能力。在傅正伟的指导下，年轻教师们不仅在教学上有所成就，更在科研上取得了显著进步。

傅正伟（右一）主持午间教学沙龙

傅正伟（左三）与同学们亲切交流

年轻教师在傅正伟的引导下确立了自己的研究方向，他们热心投入科研，勇于探索未知领域，不断挑战自我；他们积极参与国内外学术会议，发表高质量的学术论文，申请科研项目，取得了一系列可喜的成绩。傅正伟的这种全方位、多层次的培养，不仅提升了年轻教师的科研能力，也为学校培养了一批具有国际视野和创新能力的科研人才。他的工作不仅得到了学校的认可，也受到了同行和学生的广泛赞誉。

诲人不倦，做科研的实践者

傅正伟不仅自己承担"973"计划及国家重点研发计划等多项国家级课题，

其指导的团队青年教师也正在主持或承担多项国家自然科学基金以及多项省部级科研项目，他以通讯作者等身份发表 280 多篇 SCI 论文，产生了较大的国际学术影响力。

傅正伟对教育科研事业充满热情和责任感，在教学、科研和管理等多个领域，都展现出了卓越的领导力和模范作用。他对科研的执着追求和勇于面对挑战、攀登学术高峰的精神，影响了一届又一届的学生，也激发了众多年轻教师的斗志。

导师寄语

作为一名教师，要始终做到以自己的品格影响人、以自己的热情感染人、以自己的行动带动人，坚持身教重于言教，以身作则，使学生受到良好的熏陶，掌握科学技术知识，增强动手能力，了解学科的前沿动态，稳定专业思想，更要明白做人与做事的关系，强化各方面的素养提升。

学生感言

正如傅老师所言："做为人为学之表率，方为学生之合格引路人。"傅老师身体力行地教导我们做科研要严肃认真，做学生要好学多问，做人要诚实善良，同时要注意合理协调科研实验与生活健康的时间分配。

——2018 级硕士研究生倪利阳

葛璟燕

🔘 **导师简介**

　　葛璟燕，浙江工业大学生物工程学院生物制药与生物材料研究所副所长，教授、博士生导师，浙江省药学会青年委员。主要研究围绕疾病靶标开发分子探针、生物大分子药物，结合基因工程、化学修饰和材料介导等方式，改善大分子稳定性、半衰期等瓶颈问题。已在国内外高等级期刊上发表学术论文 60 余篇。主持国家自然科学基金项目等 10 余项国家级、省级项目。入选国家级青年人才项目、省级领军人才项目，获评浙江省"高校领军人才培养计划"高层次拔尖人才、浙江省中青年学科带头人等。

躬耕教坛守初心，
宽严相济育新人

潜心教学，育德育才

    自 2015 年从教以来，葛璟燕朴实守护教育初心，勤勉践行育人使命，始终坚持为党育人、为国育才，在工作与生活中锤炼党性修养，以生为本，以校为家，立德树人，忠诚于党的教育事业，切实贯彻党的高等教育方针，把思想政治工作贯穿教育教学全过程，以培育高质量人才为目标，在教书育人和科学研究的教师岗位上奉献青春。她曾于 2019 年度和 2022 年度获评校级"优秀班主任"荣誉称号，2021 年度获评学院教师年度人物（育人先锋），2023 年度获评校级优秀本科生导师。

    坚定当好精神"播火者"，做好理论传播者。"育人先正己"，葛老师一直踏实自律地做好自己。作为学校"青听青说"宣讲团、学院"激情生工"宣讲团的一员，她结合自己扎实的理论基础和丰富的教学经验，将党的二十大精神说给学生听，引导青年学生自觉听从党和人民召唤，争当伟大理想的追梦人，争做伟大事业的主力军，怀抱梦想、脚踏实地，敢想敢为、善作善成。

中国化学会成立90周年庆祝活动
Chemist is Cool 课题组风采创意大赛

葛璟燕（右二）"Chemist is Cool"课题组参加中国化学会成立90周年庆祝活动

师者匠心，止于至善

其身正，不令而从。以榜样为力量，逐光而行，"一辈子当老师，一辈子学做老师！"葛璟燕躬耕教坛，践行初心使命，这份赤诚也感染着她的学生们。葛璟燕班级中 40 余人次获浙江省政府奖学金、校优秀学生奖学金等，近 20 人次获学校优秀团员、优秀学生、优秀学生干部，学院优秀学生党员、学生年度人物榜样等多项荣誉。在她的指导下，生物工程 1801 班全班 29 名学生 100% 就业或升学，被评为校级"示范团支部"、校级先进班级、校级示范班级等。

脚踏实地，仰望星空，绘制梦想蓝图。葛璟燕相信，每一个梦想都有花期，也悉心呵护、灌溉着每一位学生的梦想。她将每一位学生的好奇与天真视为珍宝，因势利导，循循善诱。有学生对 3D 打印技术好奇，她便鼓励他坚持爱好并探索应用场景，学生将之应用于科研项目，助力团队获国际基因工程机器大赛"Best Hardware"单项奖提名。她致力于培育具备科学家潜质、愿意献身科学研究事业的青年学生。在她的指导下，学生发表 SCI 论文，获得多项科技立项，并在国际基因工程机器大赛、"挑战杯"全国大学生课外学术科技作品竞赛、"挑战杯"中国大学生创业计划竞赛、"新苗人才计划"等课外科技创新大赛中取得佳绩。

学高为师，备好课、上好课、育好人。葛老师怀揣一颗赤忱火热的心，坚持育人为本，奋战在她热爱的教学、科研第一线，她秉持学术道德准则，严谨教学，厚厚的教案是这份真诚的见证。在"现代生物技术进展"课上，她将前沿热门的生物技术知识娓娓道来；在"高等药物化学"课上，她由浅入深，从

葛璟燕（中）指导学生做实验

基础理论知识到具象的实验操作细节，引导学生参与头脑风暴，激发"探索未知 激情求解"的热情；在"科技论文写作"课上，她聚焦文献查找、阅读、分析、撰写等问题，助力学生提升期刊论文写作能力。

"泰山不让土壤，故能成其大，河海不择细流，故能就其深。"作为学生成长的引路人，她传道授业，诲人不倦，是学生们眼中的"泰山"和"江海"。她对学生说："学习、科研不是为了文凭，我们要了解每一步实验中的内涵，了解本质，清晰机理，这样做科研才能有更多的收获，不能做每天来实验室上下班、只知道实验步骤的机器人。"

师者如光，微以致远

"爱校为家，爱生如子"，以真诚培育真人。班主任这一角色在学生成长成才的道路上具有特殊性，是班集体建设人格化的实施者。驻班更驻心，葛璟燕注重提高自己的精神修养，心境开阔，包容学生存在的各种问题，洞察、共情、沟通。她相信，在一些关键的时候、关键的地方，只需稍稍用一点力，用一点心，就可以为学生点亮一盏明灯，让她们驶向光明美好的未来。

宽严相济，深谙学生成长规律，服务学生、围绕学生。她认为，成绩一时，成功一事，而成长却是一生的。研究生导师是学生成长成才的指导者，更是学生品格修养的引路人。她结合学生每个发展阶段的特点，拟定必谈、选谈的方向和内容框架，每学期召开主题组会，进入实验室，走访宿舍，开展谈心谈话。无论是当下专业学习的迷茫、人际关系的焦虑，还是面对未来规划的困惑，学生的千头万绪竟能在她的谆谆教诲下迎刃而解。

亲其师，信其道。缘起不灭，情谊相牵。师生之情，只有开始，没有结束。她深知，教育的真谛在于启发而非灌输，在于点燃学生内心对学习的渴望而非

葛璟燕（中）与毕业生合影

单纯地堆砌知识。她鼓励学生们大胆思考，勇于提问。她发起、创建课题组公众号"Ge Team"，推送团队学习、科研生活动态，营造向上的良好氛围；也时常组织"前辈后浪交流会"，为往届学生与在读学生搭建沟通平台。在师生相互尊重、智慧共享、真情互动中契阔相牵，彼此成就。

导师寄语

　　科研是一段充满未知的旅程，是需要耐心、坚持和不懈地努力。或许你们会遇到挫折和迷茫，但请相信，这些都是成长的重要部分，不墨守成规，不妄自菲薄，多读文献，从现象、从机理探索未知。也希望自己作为引路人，带大家走进科研，爱上科研，一起踏实地、望星空。

🟡 学生感言

葛老师对于科研有着近乎苛刻的认真与执着，正是在她的影响下，我从一个什么都不知道的毛头小子，成为现在实验室中的"老学长"，老师是我学术的引路者，她不仅教导我们科研，也教导我们如何成为一个"正确"的人，在组里的这段时间我受益匪浅，这将成为我一生的财富，今后我将始终牢记葛老师的教诲，在科研、生活的道路上不停求索，不断奋进。

——2022级硕士研究生庄宇力

苏为科

导师简介

　　苏为科，浙江工业大学药学院教授、博士生导师，长三角绿色制药协同创新中心执行主任、绿色化学制药国家地方联合工程实验室主任、绿色制药技术与装备教育部重点实验室主任。主持国家重点研发计划、国家科技支撑计划、国家自然科学基金等国家级、省部级项目20余项。发表SCI论文400余篇，出版专著2部，申请发明专利80余项。以第一获奖人身份获国家技术发明奖二等奖1项，省部级科技成果奖一等奖8项、中国专利优秀奖3项。

站在国际前沿，
为青年开启梦想天窗

躬耕教学一线，春风化雨润桃李

人的追求、理想和信仰是实现梦想的内在动力。苏为科有感于国家对他的教育和培养，时刻不忘报效祖国、回馈社会，为社会培养更多有用的专业人才。

苏为科是浙江工业大学"我心目中的好导师"和首届"我最喜爱的老师"，更是学校首届"教书育人卓越贡献奖"获得者。虽然他已是资深博士生导师，但苏为科对教学工作从不怠慢。一直以来，他坚持结合自己的科研工作经验，将课本上的理论知识同具体的生产实际相联系，授课时注重案例选取的科学性、语言运用的生动性和趣味性。为了提高主讲课程的教学质量，开阔学生的思路和眼界，使教学与国际惯例接轨，苏为科还自费购买了多种英文原版教科书作为教学辅助和参考资料。针对国内出版社教材出版周期长、知识更新慢，很难适应新的教学要求的现状，他在国外原版教材和多种相关教材的基础上，结合多年的教学实践自编了"制药工程"讲义。该讲义得到了使用者的一致好评。此外，苏为科还精心制作"制药工程"多媒体教学课件，使"制药工程"课程在浙江工业大学首次实现多媒体教学，让众多学子受益。他所主讲的"药物化学研究进展"硕士课程也常常座无虚席。他常常向同学们说明学好专业知识的重要性，以此鼓励学生在大学期间打好基础，他认为"知识没有有用和无用之分，而在于你会不会运用它"。

苏为科在给研究生上课

深耕科研沃土，秋月凝霜育英才

作为德高望重的学术领航者，苏为科倾尽心力、无私奉献，为学生铺设了探索科学真理的道路，点亮了启迪思维的璀璨灯塔。

制药产业转型升级迫切需要创新人才体系的支撑。为了培养制药领域的拔尖创新人才和未来的领军人才，苏为科大胆创新人才培养模式，以高校为主体，依托行业产业，加强校校、校所、校企及中外多元合作，开展跨单位、跨领域、跨地区协同培养，建立起制药行业急需的国际化人才的协同培养体系和长效机制。苏为科率先在长三角绿色制药协同创新中心开设"2011计划"创新试验班，并践行"寓教于研、创新主导、协同培养"的理念,对课程体系设置进行了全方位、革命性的改革,实施人才培养的卓越化和国际化战略。

在人才培养方面,苏为科提出了很多独到的教育理念和模式,其中最核心的理念就是"将科学研究、技术创新贯穿人才培养全过程"。他要求学生接触企业、深入企业,将在企业实习或实践中遇到的实际技术难题,以及企业在服务社会中凝练出的技术及科学问题作为论文的选题依据和研究方向。为此,苏为科通过多种途径吸引国内外知名学者和行业精英,为中心汇聚了一支既注重基础研究又具备产业实践经验的"顶天立地"的高水平师资队伍。与此同时,他在推进学生自主创新实验室的建设,使学生有机会接触各创新团队的最新科研成果,从而真正实现了"科教融合、寓教于研"的教学理念。这种模式所培养的人才不仅为学生创造了科学、优质的专业学习和科研训练环境,也使他们的工程实践能力和创新能力得到大大的提高,更获得了广大制药企业的认可和

苏为科(左一)指导研究生做实验

资助。

在苏为科人才培养理念的指导下，中心荣誉生制度、短期海外访学制度"Summer School"、博士生招生"申请＋考核"制、学生自主创新实验室、绿色制药论坛等系列特色做法陆续推出，拔尖创新制药人才的多元化培养不断推进……加利福尼亚大学尔湾分校国际交流部副主任凯莉（Kelly）女士评价中心2014 学年美国访学团时说："这是我从事海外交流项目 17 年以来所接触到的中国大陆高校访学团中学生专业素质和英语能力最强的访学团体！"

在 30 余载教书育人生涯中，苏为科时刻传递着热爱与担当。在他看来，医药产业是关系国计民生的产业。他常对学生说："你们肩负的重任是建设制药强国。无论是学习还是工作，都须用百分之百的负责态度对待！"

甘为人梯传薪火，桃李芬芳映满园

百尺竿头始自步步攀登，巍峨大厦基于一砖一瓦。历经 30 载春秋更迭，苏为科甘为人梯、默默耕耘，在绿色制药科研领域不仅收获了众多的学术华冠，更有满园的桃李芬芳。苏为科带领他的创新团队，秉持"攻坚克难、创新超越"的精神，以求真务实、敢为人先的魄力，坚持以促进区域经济社会发展为己任，主动对接浙江省医药产业重大科技需求，长期深入企业开展技术合作，创造了显著的社会和经济效益，为引领区域制药产业转型升级，全面提升制药人才、学科、科研三位一体创新能力，推动学科支撑制药产业发展，做出了不可磨灭的贡献，其因突出的工作业绩多次受到党和国家领导人、科技部，以及省委、省政府的充分肯定。

苏为科不仅是致力于学术创新与科学研究的典范，更是潜心育人、奖掖后学的楷模。经过持续不断的努力，苏为科在科研探索之路上成功带出了一支众志成城、顽强拼搏、富有战斗力的科研团队。在苏为科吃苦耐劳、坚韧不拔的科研精神的引领下，他团队成员个个心齐肯干，有的甚至主动放弃寒暑假留校做实验。为了培养团队的实干精神，苏为科老师还不断将他的"立地"科研理念传输给团队中的年轻老师们，"做技术研究的人，一定要深入企业，从解决企业技术难题着手"，"要把论文做在车间里，把科研做在浙江大地上"。2011年，苏为科带领的绿色制药工艺创新团队被评为浙江省重点科技创新团队。他培养的学生业务精湛、求真务实，不论留校任教还是在企业、环评机构从事研发、管理等工作，都成了绿色制药领域的技术骨干和佼佼者。

导师寄语

在科研征途上，你们是最亮的星。每一次探索，都闪耀着求知的热情与不屈的勇气。我作为导师，愿做那盏灯，照亮你们前行的路，不仅在知识的海洋中为你们导航，更在挫折与挑战面前给予你们最坚实的支撑。相信自己，勇敢追梦，科研路上的汗水与泪水，终将浇灌出最绚烂的智慧之花。

学生感言

苏老师是一位极具学识和人格魅力的优秀教育者。他不仅在专业领域有着深厚的造诣，更具备卓越的指导能力和敏锐的洞察力。他总能以简洁明了的方式将复杂的知识传授给我们，让我们在轻松愉快的氛围中掌握知识。同时，他对待学生如同自己的孩子一般，关心我们的成长和心理健康，给予我们无尽的鼓励和支持。他的言传身教，让我深刻体会到了什么是真正的师德和师风。在我心中，苏老师不仅是一位优秀的导师，更是一位值得我终身学习和敬仰的榜样！

——2021级博士研究生郭嘉鹏

王平，浙江工业大学药学院教授、博士生导师，入选浙江省"新世纪 151 人才工程"培养名单，浙江省巾帼科技创新工作室负责人、浙江省"巾帼文明岗"负责人，天然产物开发利用浙江国际科技合作基地主任，浙江省中药大健康产品创新研发与数智化制造中医药重点实验室执行主任，世界中医药学会联合会植物精油疗法专业委员会副会长，中国民族医药学会芳香医药分会副会长，浙江省毒理学会第一届理事，国家药品监督管理局（NMPA）化妆品审评专家，浙江省中药材产业专家委员会专家。主持国家级、省部级项目 50 余项。曾获浙江省科技进步奖一等奖、中国石油和化学工业联合会科学技术进步一等奖。

严谨笃学潜心育人，
师恩如山惠泽后学

言传身教，身体力行

从 2004 年至今，王平多次获奖，2006 年获得中国石油和化工自动化行业科学技术一等奖、2007 年获得浙江省科学技术奖一等奖，2012 年入选浙江省"新世纪 151 人才工程"培养名单等，这是对王平呕心沥血付出的褒奖，也折射出她对自身事业孜孜不倦的热爱。

王平经常对学生说："天道酬勤，经过勤劳努力并坚持实施，就一定会有收获。希望同学们能够专心于科研，在专业知识获取的基础上，发散自己的思维，敢于表达自己的想法，争取在科研上有所造诣。在努力科研的同时，也要注重全面发展，在学有余力的情况下，培养一些自己的兴趣爱好。"

在 20 多年的科研与教学生涯里，王平始终不渝地坚持基础理论创新和创新型人才的培养。作为博士生导师，她呕心沥血、尽心尽责。童应鹏博士回忆道："在科学研究的道路上，王老师就像是明灯。定期的工作汇报和指导，王老师总是侧耳倾听，随时与学生讨论、交流。从工作汇报到论文修改，王老师的踏实、严谨，在日常相处中耳濡目染，我们便默默效仿之，并薪火相传之。"王平常常为了学生的事情废寝忘食，她几乎没有节假日，把大部分的时间都奉献给了她的学生和科研工作。认识她的人这样说："她有一双发亮的眼睛，闪烁着智慧和坚韧的光芒。"千教万教教人求真，千学万学学做真人。王平在工作中兢兢业业，在育人中尽职尽责，她言传身教地影响着一届又一届求学之人。

博闻强识，严谨笃学

王平长期致力于西红花的研究，始终保持刻苦钻研和严谨细致的科研作风。她常在组会上向学生们强调"要追踪学术前沿，要注重踏实治学"。她的研究成果不仅仅停留在纸面上，还为应用而服务。她致力于开发有抗抑郁功能的西红花新药；开发西红花系列化妆品，如西红花护肤系列产品、西红花防脱洗发液等；开发西红花系列保健食品，包括西红花抗氧化片、西红花促消化片等；开发西红花系列功能食品，如西红花固体饮料等。

王平（左三）指导学生研究西红花项目

王平认为，好的西红花产品需要有好的原料，她一直关注西红花的栽培种植。在中国最大的西红花种植基地——建德，王平建立了"浙江工业大学药学院研究生实习基地"，标准化了西红花的较佳烘干工艺和开发新型西红花专用有机生物肥料，并联合建德市花农藏红花专业合作社、浙江省中医药研究院以及伊朗的塔比阿特莫达勒斯大学（Tarbiat Modares University）和比尔詹德大学（Birjand University）建立了中伊藏红花国际联合研究中心，搭建了西红花种植、质量评价、药效物质基础、作用机理及产品开发的联合研发平台。

感激恩惠，芳香育人

王平总是以亲切温柔的笑脸待人，她好像永远充满干劲、不会疲倦。当项目遇到困难时，王平总会安慰学生不要沮丧。每当实验过程中出现挫折时，她都会用温暖的声音为学生耐心解惑。她尊重和关心每一个学生，会考虑到每个学生的学习、科研情况，尽量平衡好每个学生身上的科研任务。尽管学术任务重、社会任职多，但王平总会挤出时间来关心、指导研究生们的学习和生活，还会组织团队外出团建，提醒学生劳逸结合。"我的学生的年纪和我的孩子差不多，我对他们的要求也像对我自己的孩子一样。"正如她说的那样，她对学生们的关心总是无微不至的。王平的这份责任与爱，让每一位研究生都受益匪浅。

王平（前排左六）与课题组学生一同参加户外团建

🔵 导师寄语

　　每一个学生都是独立的个体，具备无限的可能性和潜力，我们作为教育工作者要做的就是呵护好每一个学生，因材施教地挖掘学生们的潜力。我希望我的学生们可以积极乐观，努力进取，勇敢自信地去探索药学领域的奥秘，为中国的大健康事业发展做出自己贡献。梁文道在《悦己》中如是说："读一些无用的书，做一些无用的事，花一些无用的时间，都是为了在一切已知之外，保留一个超越自己的机会，人生中一些很了不起的变化，就是来自这种时刻。"仅以这段话与我的每一个学生共勉。

学生感言

　　我于 2019 年与王老师因中国创新创业竞赛相识，第一次见她时，她亲切温柔的笑脸给我留下了很深的印象，她虽然是教授、博士生导师，但是与她相处起来感觉就像长辈和朋友一样，我毫无压力。后来考研的时候，我就毅然决定努力考入王老师的课题组，也非常荣幸王老师给了我这样的机会。一进入王老师课题组，我便见识到了王老师每天忙碌的工作状态，但是她好像永远充满干劲，不会疲劳，脸上永远挂着笑容。当项目遇到难题时，她总会安慰我们不要沮丧，从来不会苛责我们，更多的是鼓励和支持。这样一位好老师不仅仅是我心目中的好导师，我更希望所有人都认识她，认可她！

——2024 级博士研究生方乐轩

童胜强

🟡 导师简介

　　童胜强，浙江工业大学药学院党委委员、中药研究所所长、中药所师生联合党支部书记，药学院教授、博士生导师，浙江省高等学校中青年学科带头人、浙江省药学会药物分析专业委员会副主任委员、浙江省药学会制药工程专业委员会委员，中国中西医结合学会中药专业委员会委员。主要从事手性药物分离、中药药效物质等方面的研究。主持国家基金等课题 15 项，在国内外期刊发表论文 150余篇，获授权发明专利 15 项。曾获浙江省药学会科学技术奖二等奖，浙江省"优秀科技特派员"，浙江省高校 2022 年度"最受师生喜爱的书记"，浙江工业大学2020 年度研究生"我心目中的好导师"、浙江工业大学先进工作者。

传道授业引人入"胜"，
桃李春风发奋图"强"

师道使命，儒者担当

在教书育人方面，童胜强尽职尽责、辛勤付出，为学院教育和教学工作作出了巨大贡献。他负责研究生核心课程"科技写作"的教学，累计授课人数达1000人以上。童胜强在课堂上总是充满热情，特别重视板书教学。他通过清晰的讲解，将复杂的写作技巧逐步拆解，帮助学生深入理解学术写作的要点。课堂中，他常安排时间让学生表达自己对写作技巧的看法，通过这种互动，他能够更好地掌握学生的思维方式，并以此为基础进一步引导他们提升。在他的课上，学生们不仅能学到专业知识，还能被激发出对学术写作的浓厚兴趣。他的课堂气氛活跃，广受学生好评。

终日乾乾，与时偕行

童胜强做任何事都是兢兢业业，作为研究生导师，他全身心投入科研工作，带领课题组取得了多项科研成果，持续推动学科发展；作为学院党委委员与中药所所长，他积极参与教学科研管理，助推中药学专业高质量发展；探索形成"党支部—中药系—研究所"一体化模式，率先试行"研究所党政联席会议"

童胜强（左一）主持党员发展大会

制度，以党建工作赋能专业建设和学科发展。在他的领导下，中药学获批省一流本科专业建设点，中药学获批专业硕士学位点，支部教工党员成果入选科技部"十三五"国家科技创新成就展。此外，他还担任了中药研究所师生联合党支部书记，在其带领下，支部于 2019 年荣获"全国高校党建工作样板支部"，在支部体制机制建设、课程思政育人样板与百草园育人样板等方面取得了标志性成果，中药所样板支部建设成果成为学校对外参观展示的重要场地。童胜强还代表学校在教育部第二期全国高校教师党支部书记"双带头人"高级研修班上介绍支部建设经验，多次受邀前往省内外高校作党支部工作专题报告。

教学相长，孜孜不倦

在科研的航程中，导师不仅是知识的传授者，更是学生学术思维的塑造者与学术格局的引路人。童胜强以深厚的学术造诣和独特的人格魅力激发着学生的科研热情，使他们在探索真理的过程中逐步成长。学术的成长不仅源于实验数据的积累，更依赖于思想的碰撞与逻辑的锤炼。童胜强始终倡导深入探讨的学术氛围，每次师生交流他都倾向于通过提问引导学生思考，而非直接给出答案，学生在思辨过程中逐渐构建起系统的科研思维。他能精准地捕捉关键问题，耐心引导学生逐步拆解，培养他们面对科研挑战的耐心。他强调科研不仅仅是技术的积累，也是对科学问题的深刻洞察。因此，他常鼓励学生在阅读文献时不仅要关注实验方法，更要思考研究逻辑和科学价值。正因为如此，学生在日常学习中逐渐形成了独立的科研理念，形成了从更高的视角理解学科发展脉络的思维，进而提出具有创新性的研究问题。

童胜强尊重每位学生的个性，关注他们的学术兴趣，并给予针对性的引导。在他的启发下，许多学生从初试科研的迷茫者，成长为思维严谨、目标明确的学术人才。正如学生们常说："每次与童老师交流，都会引发新的思考，哪怕是原本模糊的概念，也会在讨论中逐渐清晰。"他始终坚信，真正的学术成长不仅仅是发表论文的数量，更在于研究者是否具备独立思考的能力，是否能够在科学的道路上保持探索的激情与严谨的态度。正是在这样的理念的指引下，他的学生逐渐形成了自己的学术风格，在科研的道路上稳步前行。

严谨治学，温暖育人

在求索真理的道路上，总有一盏灯照亮前行的方向。童胜强正是以坚定的信念和无私的奉献，成为学生科研路上的引路人。正如教育学家乌申斯基所言："教师个人的范例，对青年人的心灵，是任何东西都不能代替的最有用的阳光。"

他的实验室规定每周召开一次组会，每周完成"一周工作小结"，汇报研究进展，讨论实验设计，围绕前沿热点进行文献汇报与学术研讨。尽管事务繁忙，他始终抽出时间与学生面对面交流，细致指导实验方案，帮助学生查找实验问题的根源，并耐心分析解决之道。他不仅关注学生的科研进展，更关心他们的成长与心理状态。每当学生陷入科研低谷时，他总会耐心倾听，给予鼓励，让学生在学术的道路上重拾信心。在他的悉心培养下，近五年来，一批品学兼优、专业素养扎实、具备独立科研与实践能力的高素质人才脱颖而出。多名博士、硕士毕业生已经成为省内外医院、高校、企业以及市场监管局的业务骨干，1名博士生、15名硕士生荣获国家奖学金。

童胜强（后排左四）与课题组学生合影

同时，他积极指导学生参与中国国际大学生创新大赛等创新创业竞赛，鼓励学生将科研成果转化为实际应用，最终带领课题组研究生团队斩获中国国际大学生创新大赛（2023）红旅赛道金奖、"建行杯"第九届浙江省国际"互联网＋"大学生创新创业大赛金奖。

童胜强不仅以严谨的学术标准引领学生步入科研殿堂，更以温暖、坚定的姿态陪伴他们在人生道路上不断前行。他的悉心教导与倾心栽培，让学生们在科研的世界里生根发芽，最终成长为兼具学术素养与创新精神的优秀人才。

导师寄语

同学们应当以积极的态度面对未来，既要埋头努力，也要心怀远大理想。不仅要付诸实际行动，还要避免空谈和怨天尤人。不要只是旁观，而是要成为改变和创造的力量，做到勇敢无畏、坚定前行。希望你们未来无论工作还是生活，都能从容自信，前程似锦。

学生感言

童老师不仅在科研上严格要求我们，对我们的成长和生活也非常关心。无论是学术上的难题，还是生活中的烦恼，他总是耐心倾听，细心帮助我们解答。在学习和科研的压力下，童老师常常关心我们的身心状态，总提醒我们合理安排时间，注意劳逸结合。他还会根据我们的特点给出未来发展的建议，帮助我们规划职业道路，鼓励我们不仅要在科研上进步，也要全面发展。童老师的关怀总是让我们感到温暖，他既是我们学术上的引路人，也是我们生活中的依靠。

——2022 级硕士研究生马晨蕾

宋爽，浙江工业大学环境学院二级教授、博士生导师，浙江省"万名好党员"，浙江省领军人才。专注环境催化研究，先后主持国家自然科学基金项目、浙江省自然科学基金杰青项目、浙江省自然科学基金重点项目等。在 *Environ. Sci. Technol.*（《环境科学与技术》）、*Water Res.*（《水研究》）等期刊发表论文 200 余篇。获浙江省科学技术奖一等奖、浙江省自然科学奖三等奖、浙江省自然科学基金优秀项目、航天工业部科技进步奖三等奖、环境保护部环境保护科学技术奖三等奖各 1 项。

春风不语化桃李，
弦歌不绝润新苗

从课堂到实验室，宋爽尽心尽责。课堂上，他常以自己年轻时在大庆油田炼油与污水治理的经历为例，与学生强调实践能力的重要性，鼓励大家多到行业一线参加生产实习；实验室中，他更是以严格的标准培养学生的耐心与专注力，引导学生主动讲解对实验的理解，从选题的确立、实验步骤的优化到数据分析，每个环节均给予悉心指导。

在课堂教学与实验指导之外，宋爽还在团队中设立了每日一对一交流制度，确保及时了解学生的实验进展并给予指导。学生朱超回忆："宋老师对每个人的实验进度都了如指掌，有时晚上还会打电话关心我们的实验进度，他对科研有着极强的敏感性，每天都和我们交流实验结果，这样我们在实验过程中便不会陷入迷茫，他还及时帮助我们修正了许多错误的方向。"

这样严格的学习要求并非凭空而来。回溯过往，宋爽直言自己的教学观念受恩师——哈尔滨工业大学环境化工学科创始人、环境工程学科创始人之一周定教授的影响颇大，"导师70多岁时，仍然亲自跑到实验室指导我们做实验，认真负责，一丝不苟。这样的教学态度值得我终身学习"。

周定教授"看人先看德"的教育理念在宋爽身上也得以具象化。"我在面试学生时，更看重学生的品德，德才兼备，以德为先。"宋爽的学生汪达，毕业后留校任职，在指导学生时也延续了宋爽的风格，"做科研最重要的就是实事求是，隐瞒或掩饰实验过程中的异常现象和错误数据，最终只会导致科研走

宋爽与学生开组会

向错误的方向"。诚实为本的育人理念在师生之间代代相传。

从学术上的严格要求到对德行的高度重视，宋爽始终以传道授业解惑为立教之本，身体力行着"以严治学，以德筑基"的教学原则。

在学术研究与科研实验上颇为严苛的宋爽，在生活中却平易近人。与学生们一起参加打篮球、踢足球等体育活动，是宋爽生活中的常态。不仅如此，他还常带着年轻老师与学生们打成一片。"和学生们处成朋友，这就是我的师生观。"宋爽笑着说道。

"宋老师经常建议我们要适当运动，劳逸结合。"目前在浙江工业大学做博士后的朱超说："他还拿自己大学时期完成实验就出去打羽毛球举例，像个大家长一样暖心。"

正因为有这样一位亦师亦友的"领头羊"，宋爽所带领的学生团队被学院里的师兄弟们冠以"宋货"之称。"宋货"，不仅代表团队"肚子里有货"，还有"时常能整出新活"之意，这是对整个团队强劲科研实力的认可，更是对团队团结友好的氛围的高度肯定。

当谈及如何培养出如此精锐的"宋货"团队时，宋爽引用《论语》中的一句警句回答："因材施教。"在与学生接触、了解和磨合的过程中，宋爽常常首先与学生畅谈志向与理想，交流兴趣爱好，并根据实际情况引导学生找到自己的兴趣点和努力方向，为他们量身定制适合的发展路线。汪达回忆道："宋老师会根据每个学生的特点为他们提供需要的帮助。比如推荐适合的职业发展方向，或者是提供积累经验的交流机会。"

在"宋货"团队中，曾有一位博士生妈妈刘秋香，她在学业与家庭的兼顾上困难重重。了解到这一情况，宋爽特地找刘秋香面谈，根据她的实际情况为其量身定制了一份时间日程表，帮助她厘清生活琐事、专注科研实验。

在确定学生的成长方案后，在严格的学术训练基础之上施以肯定与鼓励是宋爽培养学生的不二法宝。其中，朱超便是最佳例证。对于环境学子而言，ES&T（*Environmental Science & Technology*，《环境科学与技术》）是环境领域具有高影响力与广泛认可度的学术期刊。攻读硕博阶段，朱超一直朝着"发表一篇 ES&T 论文"目标努力。早九晚十，朱超日复一日、年复一年地扎根在实验室里。当旁人都认为这个目标遥不可及时，宋爽却认真地予以鼓励与支持。最终，朱超以一篇高质量 ES&T 论文成功回馈了宋爽的殷切期待。

"敢想、敢立目标，才有可能将目标变为现实。"这是宋爽的学术态度，也是他对学生的殷切期望。以扎实的学术训练为基石，以鼓励与支持为指引，宋爽在学生的成长道路上，不仅是引路人，更是护航者。

"学问必须合乎自己的兴趣，方能得益。"从本硕博时期的航空航天催化，到如今的环境催化，宋爽坦言，是对催化科研领域的热爱支撑他走到了今天。

宋爽指导学生做实验

对科研的热爱促使宋爽在学术上严格约束自己，并以身作则为学生们树立榜样。每周一至周六，办公室或实验室中总能看见宋爽与学生一道研究探讨的身影，多年来始终如一。

宋爽在学术、科研与生活中的一言一行，犹如春风化雨般影响着学生。在他的悉心教导下，学生们从幼苗成长为参天大树，并在各自的领域发光发热。有的学生赴清华大学完成博士学业后，进入华中科技大学任教；有的学生毕业后在水业一线辛勤耕耘，现已成为环保领域国资企业的总经理。"虽然工作初期条件艰苦，但我的学生们既刻苦又优秀，在 *ES&T* 等著名环境期刊上发表了一篇又一篇高水平论文。"回忆起学生们，宋爽的眼神里充满了自豪。据悉，朱超已在环境领域知名期刊发表 SCI 论文 30 余篇，授权国家发明专利 10 余项，他的"3R Adsorbent—可太阳光再生型'污染物饵'水车"项目在全国大学生节能减排社会实践与科技竞赛中荣获一等奖；汪达在完成日常教学科研任务之外，还担任德清县联合村名誉村主任，并受聘为"教授河长"，治水事迹多次受到《人民日报（海外版）》等主流媒体的报道。

"路漫漫其修远兮，吾将上下而求索。"在环境研究这条漫长的道路上，宋爽培养了一批又一批优秀学子，环境科研的火炬因此不断传递，希望之火借此生生不息。

导师寄语

前行路上，愿你们秉承"崇德勤业"信念，保持"和而不同"胸怀，遵循"人法地，地法天，天法道，道法自然"的法则，不忘初心，砥砺前行，努力为生态文明建设作出积极贡献。

学生感言

作为宋老师2020级的博士生，我深刻感受到了宋老师先进的教育理念与崇高个人魅力。宋老师不仅具备广博的专业知识，更是一位真诚、平易近人的良师。在遇到难题时，宋老师总是能耐心为我剖析困惑，用深邃而富有洞察力的见解指引我前行，培养了我严谨的科学态度和批判性的学术思维。在生活中，宋老师的温暖与幽默犹如春风化雨，让我在迷茫时刻感受到无微不至的支持，激励我不断前进。从宋老师身上我不仅学到了实事求是、勇于创新的科研精神，更领悟到了宽厚待人、慎思笃行的处世之道，这份无私的教导与支持，伴随我在人生的广阔旅途中不断前行。

——2020 级博士研究生朱超

张 全

  **导师简介**

　　张全，浙江工业大学环境学院副院长，健行特聘教授、博士生导师，国家级青年人才，专注于环境暴露和健康研究，主持浙江省杰出青年基金项目、国家自然科学基金面上项目、浙江省发改委委托课题等多项科研项目，在环境与生态领域国际期刊上发表 SCI 论文 100 余篇，4 篇研究论文曾入选高被引论文。曾获教育部霍英东青年教师奖、浙江省自然科学奖、*Environ. Sci. Technol*（《环境科学与技术》）最佳论文奖。

敬业与热情双"全"，
潜心育人酿佳"蜜"

　　由张全主讲的"环境毒理学"课程在环境学院中一直颇受欢迎，每逢选课时总是早早显示"满员"。幽默风趣的上课风格、深入浅出的知识讲解以及不吝分享的有趣故事，都是张全老师课堂上座无虚席的不二法宝。

　　"课本上的知识是有限的，学生要主动去探索更多的可能，拓宽自己的眼界"，基于这样的教学理念，张全常常在课后与学生们分享他认为值得一看的视频、电影、纪录片，以及他在美国哈佛大学做访问学者的科研故事。在课上，张全饱满的热情与生动的讲解相得益彰，时不时穿插的幽默故事更是让课堂笑声不断，气氛轻松愉快。从热烈的小组讨论到勇于表达的课堂提问，张全始终鼓励学生主动学习，并给予积极反馈，称赞声和大拇指成了"张式夸夸群群主"的独特标识。

　　除了在课堂上充分调动学生们的学习积极性之外，在平时的科研指导中，张全也反复强调学习自主性的重要性。在学生遇到科研难题时，张全并不急于解开问题症结所在，而是耐心与学生一起探讨交流。"实验不仅仅是重复书本上的步骤，更重要的是理解每一步背后的原理，以及面对未知结果时的分析与判断。""这次实验如果超出了预设范围，你认为可能会出现什么结果？"通过提问与指导，张全循循善诱，引导学生自主思考解题；在论文撰写和修改期间，无论多忙，张全都会认真审阅与修改学生的文稿，并及时反馈问题，反复锻炼学生独立思考的能力。

张全（左四）带领课题组学生参加第十二届全国环境化学大会

有师如此，学生自然也能独当一面。在张全远赴美国进行蜜蜂课题调研期间，一位来自长兴的学生一直与他保持电话联系，远隔重洋却有条不紊地推进课题进度，从开题到实验，学生独立完成了科研项目，硕果累累。张全认为，"授人以鱼不如授人以渔"，只有培养学生的自主性，才能为其未来的发展奠定坚实的基础。

对于学生们来说，相较于传统意义上的严师，张全更像是一位幽默的老友。在与学生们的相处中，他向来以朋友自居。"全哥"——既是学生们对他的亲切称呼，更是一份沉甸甸的敬爱与亲近。

学业上，每当有学生因课程压力、毕业压力而感到迷茫与浮躁时，他总如"及时雨"般出现，以自己一路走来的点点滴滴为例，劝解、开导学生，带领他们立足当下，规划未来："你看我之前研究蜜蜂，'荒野求生'了三个月都没出什么结果呢！慢慢来，向前看。"每次与学生的促膝长谈，总以欢声笑语作结尾。

生活上，张全定期与学生谈心，帮助学生更好地适应研究生生活。他在学术指导之外的温暖关怀使学生们如沐春风。张全指导的学生回忆道："记得老师第一次看完我的论文初稿，从文章结构到正文表述，甚至对一个细微的修饰词都提出了修改意见，在老师的帮助下查漏补缺，远比自我摸索来得更有效率。我的每一点进步都离不开张全老师的教导和培养。"

匠心筑梦，以爱育人。回首过去，他感慨道："只有爱的付出，才有爱的收获。"即使是毕业多年的学生，现在仍与他保有联络，感情依旧。办公室中，回校探望的学生更是络绎不绝。

回溯学术之旅，张全以"热爱"与"坚持"贯穿始终。在浙江工业大学完成本硕博学业后，他前往美国休斯敦大学做访问学者，后作为博士后在浙江大学工作两年，又在哈佛大学任访问研究员一年，最终回到母校浙工大任教。

2016年，张全参与"环境污染物对蜜蜂生态系统的影响"的课题研究。当时欧美地区出现蜂群崩溃综合征（CCD），他作为吕陈生教授实验室的客座研究员，聚焦于新烟碱类杀虫剂研究，与团队成员一起，在条件艰苦的野外，用含低剂量农药的玉米糖水喂养蜜蜂，时间长达三个月。即使最终的实验结果并不如愿，张全依然没有轻言放弃。最终，该项研究成功推动欧盟对相关杀虫剂采取禁用与限制措施。

张全带着科研热情和新学的知识技术回国，继续为生态与健康风险事业贡献力量。在持之以恒的努力中，张全的研究团队成功开发了基于我国国情的暴露风险评估模型，为环境污染物对蜜蜂生态系统的风险评估提供了科学依据。

张全始终坚守在养蜂一线。"我始终坚信，科研成就离不开在实验室里对数据的日夜坚守。"秉持这一信念，张全几十年如一日，敬业精业、求实自律，似乎早与自身所研究的蜜蜂合二为一，勤奋进取，酿就科研的佳蜜。

张全不仅在科研领域取得了丰硕的成果，还培养了众多优秀的学生。他培养的 33 名硕士与 5 名博士毕业生中，有 8 名学生获得了国家奖学金，7 名学生被评为浙江省优秀毕业生，2 名学生前往哈佛大学公共卫生学院和加州大学河滨分校进行交流深造。在张全的学术带领下，多名学生在环境领域高水平期刊如 ES&T（*Environmental Science & Technology*，《环境科学与技术》）上发表了高水平研究论文，其中一篇文章获得 2022 年 *Environ. Sci. & Technol.* 最佳论文奖。张全始终在教书育人一线兢兢业业，为一届又一届学生点亮科研之路的火把，为学术领域新生力量的成长保驾护航。

张全（左三）带领课题组学生参加 ISPTS-2024 会议

导师寄语

作为一名研究生导师，能与学生们一起探索学术的奥秘，是我最大的幸福。看到他们从懵懂到成熟，从疑惑到自信，每一步的成长都让我感到欣慰。学生们的热情和创造力也激励着我不断前进。愿同学们在前行的路上，以专业知识守护美丽中国，让绿水青山常在，为国家的可持续发展贡献青春力量。

学生感言

在我看来，张老师是一位非常有个性的老师。张老师除了在科研和学业上时常指导我们之外，平时也常关心我们的日常生活，还关照我们的身心健康。在日常生活中，张老师也时常会用诙谐幽默的玩笑调节紧张的科研氛围，这不仅使得课题组内老师与学生、同学与同学之间关系融洽，还有效地促进了课题组科研效率和质量的提高，形成了有益、健康、可持续的正循环。在我因学习和生活困扰时，张老师开导我"人生多么美好"，要学会向美而行。

——2023级硕士研究生王奕翔

王 旭

导师简介

  王旭，浙江工业大学材料科学与工程学院院长，教授、博士生导师，中国轻工业绿色塑料助剂及应用重点实验室主任，民进浙江省委会常委，浙江省政协第十二届委员。主要从事高分子材料改性和应用研究，主持和参与国家级、省部级重大科技攻关项目等 20 多项和企业委托项目 30 余项，发表 150 多篇学术论文，参编 2 本专著，获授权发明专利 50 项。研究成果先后获国家技术发明奖二等奖、中国石油化学工业协会技术发明奖一等奖、教育部科技进步奖一等奖等。

教书育人，
是我一生无悔的选择

扎根材料，甘为学院发展孺子牛

王旭的成长与发展可以说是和浙工大"材料"紧紧地联系在一起的。1992年，王旭从四川大学研究生毕业后受濮阳楠老师指引，来到浙江工业大学就职。从青丝到华发，从"青椒"到教授，他一路成长，见证了浙工大"材料"从一个专业到一个学科，再到一个学院的跨越式发展。

自2013年材料科学与工程学院正式独立运行，王旭开始挑起学院发展的重任，2014年开始担任学院副院长（主持工作）、执行院长，他十分注重人才培养、科学研究、社会服务、文化传承，不断推进学院各项工作的科学发展。

尊重学术自由，追求学术卓越，营造富有个性特色的学术环境，这对于一个学院的发展至关重要。王旭用最大的努力推进教授治学，突出学术地位，支持教师的学术追求，同时还建立健全了一系列鼓励大学生参与各类学术活动的制度和办法。

面对纷繁复杂的日常行政事务，王旭十分注重从发展的角度审视各项管理事务，始终坚持从服务师生、助力师生发展的角度来建立和完善各类体制机制。

王旭是中国民主促进会会员，他经常说："只有跟着共产党走，才是在正道上行。"在这样的信念下，王旭和一任接着一任的班子成员，围绕中心工作和重大目标，团结带领全院师生，凝心聚力谋发展，一棒接着一棒干，一张蓝

王旭（前排右五）参加 2018 年全国高分子材料科学与工程研讨会

图绘到底。

以前学院的大型实验设备都分散在各个课题组，不能流通，重复、低效和封闭的弊端明显。于是，王旭带领学院班子一次次到各课题组走访，一遍遍地向老师们了解情况。终于，三个月后，所有的大型仪器设备都统一归置到了公共实验中心集中管理。现在，实验中心运行良好，既满足了各课题组的研究需求，又提升了实验仪器的使用效率，而且由于管理、维护有效，仪器的使用寿命也延长了一倍。

高分子领域的产学研结合是王旭始终认准的发展目标，而不断的实践又为他的发展和前进打下了重要的根基。

王旭的研究工作主要分为两部分。第一部分，王旭表示："我会更关注将课题组的核心技术与其他学科交叉，拓展技术的应用领域，如在生命健康领域等。"第二部分是更加重视将应用研究与基础研究相融合，以解决行业发展中痛点问题和关键共性技术为目标，开发影响行业发展的重大创新产品。

王旭团队专注高分子材料的高性能化和绿色化，致力于产学研结合的实践探索，他们所研发的生物质全降解高吸水树脂、绿色环保阻燃材料和废弃聚氨酯海绵高值化循环利用等对于缓解石油资源枯竭、白色污染等具有重要意义，癌症精准放疗间隔保护用凝胶材料有利于优化前列腺癌放疗手术的防护技术，可延长前列腺癌患者的生命周期。

在大家的不懈努力下，每当研究的高分子材料从技术走向产品，从产品走向市场，推动相关企业发展，最终提升整体产业发展水平的时候，王旭心中都会充满欣愉，他仿佛看着自己的孩子慢慢长大，满怀欣慰与喜悦。

王旭这种求真务实、注重实践的科学理念也影响着科研团队、研究所，乃至整个学院。在他的带领下，短短十年间，材料科学与工程学院在师资队伍、专业建设、人才培养、学术水平、平台建设、成果转化等方面均取得了显著建设成效。成绩的背后离不开王旭带领的学院管理团队的付出，老师们称赞他"甘为人梯，奖掖后学"，学生们爱戴他"提灯引路，润育桃李"。

育人情怀，亦师亦友助学生成长

王旭一直强调："育人是大学老师的本分。"他非常提倡言传身教，不管是在科研还是在教学上，都一贯秉持严谨、科学的态度。

在科研上，王旭对学生始终严格要求。"科研绝非儿戏，细节决定成败"，他对科研的态度由此可见。特别是对于学生来说，最基本的就是关注实验的每一个细节，例如实验设计、准备过程、记录处理等。一个记录失误很可能会为后来的实验者造成不小的麻烦。

有一次，有位同学记下了这样一句话："将 30ml 逐步加入。"王旭立即质疑："这里的'逐步'究竟是每分钟 2ml 还是每分钟 10ml 还是其他速度？"看似"较真"的背后，实际上是对于实验细节的关注，也正是他这样对于细节如此重视，才使得一个又一个实验能顺利进行。

他不仅注重学生在学识、技能上的提升，而且也很注重他们全方位的发展。

在平时生活中，王旭格外强调课题组集体意识的培养，鼓励大家将个人发展融入集体的发展之中，这样课题组成员之间也能够相互支撑，共同进步。每逢佳节，王旭喜欢和同学们聚在一起。中秋、元宵等重要传统节日前后，他都

王旭（中）指导学生开展实验

会和同学们一起品尝节日传统美食，分享节日的甜蜜与喜悦。其中也会有不少的幸运儿被王旭邀请到家中做客，请他们品尝师母的家常菜。

"平时和同学交流时我的身份是老师，和同学一起吃饭既可以拉近我们师生的距离，也可以消除我们之间的'代沟'。"王旭笑呵呵地说道。

这种定期和不定期的聚会，已成为团队成员、在校同学和已毕业的学长学姐之间加强交流和联系的重要渠道，增强了团队内部的认同感和归属感。当同学们第一次加入课题组时，王旭也会借"秋游"的机会将新老同学聚在一起，帮助他们相互了解和认识，增进感情。

在王旭的办公室墙上，挂着一块工作板，上面贴了一组学生照片，问及原因时，他说："年纪大了，有时候记不住人，我就把每一届新生的信息和照片打印出来，贴在这里，随时记一记。"

王旭带领学生参加活动不只是为了提升团队凝聚力，同样也包含着他对于同学们进行"产学研结合"的期望。例如"春游""秋游"不只是简单的外出，王旭往往还会联系合作企业，让同学们能够走出校园，对企业进行实地走访，加强对企业的了解与认知，同时深刻体会产学研结合的奥秘。

行之笃之，思之定之。作为科研工作者，王旭严谨宽厚；作为团队领导者，他亲切通达；作为师者，他传道授业。"大材至真，大器至善"正是他的真实写照。

导师寄语

　　写专利、发论文和追求科研经费都不是我们的最终目标，破解行业发展的瓶颈技术问题，推动行业发展，这才是我们的目标。只有把个人的发展置于国家建设和行业发展之中，才能够始终锚定更高的目标，拥有不竭的发展动力。

言传身教，我的好导师。王老师每天早上不到七点就来到办公室，他用每天高度自律的生活节奏给我们做榜样，在这里我们养成了健康的生活作息，不需要监督也不需要规定。很荣幸能成为王老师的学生，我会努力工作，争取做出成果，这也许是对王老师最好的回应。

——2024 级博士研究生刘宗胜

徐立新

导师简介

　　徐立新，浙江工业大学高分子材料与工程研究所所长、平湖新材料研究院院长，材料科学与工程学院教授、博士生导师，浙江省高校中青年学科带头人。主持完成国家自然科学基金面上项目 2 项、浙江省自然科学基金项目 1 项、产学研合作项目 15 项，发表研究论文 55 篇，获授权发明专利 15 项。曾获浙江省高校青年教师教学技能竞赛优秀奖、浙江省自然科学优秀论文奖，曾被评为浙江工业大学优秀教师。

科研之路没有捷径，
唯有坚持

最初的抉择：从实验室管理工作起步

徐立新大学学业是在浙江工业大学完成的，所读专业是塑料工程专业，该专业是当初浙江省省属高校中第一个高分子类专业。

学院里的钟明强老师、王旭老师、钱欣老师，还有已经退休的濮阳楠老师、韩怀芬老师等，都是他的恩师。至今，他还记得当初毕业之际，韩老师找他谈话时的情景，"韩老师告诉我，系里要建一个高分子材料专业实验室，问我是否愿意留下来从事实验室管理和实验教学工作，经过考虑，第二天我就答应了。一晃，我在工大工作已近30年，也算老工大人了"。

就这样，年轻的徐立新扎根浙江工业大学，与高分子结下了不解之缘，并且伴随高分子一路成长。

谈起当初的选择，徐立新觉得这与他大学期间所读的大量科学家传记分不开，"我读大学的时候，最喜欢去的地方就是图书馆"。

先辈们严谨踏实的科学精神、质朴赤诚的家国情怀，深深地吸引和影响着他。

谈到变化发展，徐立新说："得益于学校的快速发展，作为一名普通教师，我很幸运，得以在工作期间，先后完成硕士、博士学习，并两次去国外进修，从一名普通实验员成长为教授、博士生导师。"徐立新继续讲道："同时，我受组织委派，在地方担任挂职科技副县长两年，目前负责浙江工业大学平湖新

徐立新参加第四届国际碳材料大会并作报告

材料研究院管理工作。随着学校的快速发展，对老师的教学科研水平已提出更高的要求，工作压力在增加，但对于当初的选择，我从来没有后悔过，从事教学科研工作，是我内心的选择。"

结缘超支化聚乙烯：一个坚持了超十年的研究方向

徐立新的研究课题，通俗地说，就是利用廉价、丰富的乙烯原料，通过创新性分子设计，借助钯催化剂合成由特定结构组成的超支化聚乙烯——一种具有近似三维链形态的高分子材料，借助其独特的结构功能优势，辅助另一类廉价的层状材料——天然石墨——液相剥离，制备高品质石墨烯，并探索其在高分子材料功能化改性领域的应用。

谈起这个课题，徐立新娓娓道来："这得从我 2008 年去国外访学说起。当初，考虑到自己的专业背景侧重于高分子材料改性加工，在化学合成方面比较薄弱，为了弥补短板，我有幸进入加拿大劳伦森大学（Laurentian University）叶志斌教授课题组访问交流。叶老师布置给我的第一个课题，就是利用钯催化剂合成功能超支化聚乙烯。"

科研其实并非一帆风顺，徐立新谈道："课题所涉及的钯催化剂怕水、氧和酸，需要非常细致的实验技术，我当初也遇到不少困难。因为课题压力大，在加拿大近三年访学期间，附近的著名景点——尼亚加拉瀑布我一次也没去过，现在想来也有点遗憾。"

在国外访学遇到困难的时候，徐立新也有过犹豫和彷徨，但他从不放弃，"我始终咬牙坚持，一点一点靠着自己走了出来"。这种"啃硬骨头"的坚持在徐立新之后的科研之中依旧如影随形。

在完成访学之后，徐立新回国继续开展研究，他说："回国后，我几乎'白手起家'，组织学生搭建了自己的合成反应装置，经过摸索，逐步建立起自己

徐立新（右四）走访合作企业

的研究体系和特色，并组建了相对独立的课题组，在该领域已有 10 年的研究积累，先后获 3 个国家基金、3 个省基金资助，同时正在与相关企业开展产业化应用研究。"

"在材料的世界中进行探索，失败是经常有的，科研之路没有捷径，唯有坚持而已。"徐立新谈到对科研的理解。

而在一路发展的过程中，坚定不移的意志、严谨踏实的态度是徐立新不断前进的法宝。

对于研究的石墨烯，徐立新也谈了自己的观点，"这是一种褒贬不一的材料，现在国内有两种比较极端的观点，一种认为其无所不能，另外一种则认为它一无是处；这两种观点我都不认同，我们搞材料的，应该有理性的观点，但凡材料，都有自己的用处，贵如黄金，贱如泥巴，从材料的角度，都有各自的优缺点，我们的任务是揭示材料的优点，找准它的用处，力求为社会服务。"

徐立新希望能以廉价、丰富的乙烯和天然石墨为原料，以功能性超支化聚乙烯合成为纽带，从基础研究入手，促进石墨烯在高分子材料功能化改性领域的产业化应用。

从新昌到平湖：未曾停歇的产学研合作探索实践

高分子材料因其轻质、结构组成丰富、易加工成型等优点，作为塑料、橡胶、纤维、涂料、胶黏剂等传统产品在国民经济各个领域已被广泛应用，这方面浙江省也具有很好的产业基础，相关企业数量众多。

徐立新认为，"该类材料作为新型功能材料在正在到来的 5G 通信、生命健康、智能装备等领域也显示出了很好的应用优势"。

他回忆道："我对企业的接触，最初是由钟明强老师带领的，后来王旭老师也积极组织大家与建德市碳酸钙行业进行技术对接。再后来，自己的课题组与相关企业陆续开展合作。特别是近两年来，由于在地方挂职锻炼的机会，我每周都会安排时间走访当地企业，累计下来，已走访了近200多家企业，包括著名上市公司新和成、浙江医药、浙江三花，也包括一些中小型企业。"

在这个过程中，徐立新的一个普遍的感受就是除了少数上市大公司外，目前企业在基础研究力量方面总体比较弱，对于科研创新的规律缺少科学认识，高校研究团队虽然在基础研究方面有优势，但对市场不够敏感，难以找准产品研发方向。双方非常有必要统一认识，加强互补合作。

徐立新对产学研合作也有着自己的理解："我特别推崇新和成公司这样的产学研合作模式，该企业通过与浙大两位教授产学研合作，围绕维生素产品开发，已合作长达26年，先后获多项国家奖，目前的产品技术世界一流。"

徐立新在平湖新材料研究院成立仪式上发言

谈到担任浙江工业大学平湖新材料研究院院长，徐立新说："我正在平湖新材料研究院积极推广实践这样的产学研合作理念，目前已与当地两家龙头企业开展联合共建实验室合作，希望能把基础研究和产业化应用打通，以'一竿子到底'的研发思路，探索产学研合作新思路。"

三尺讲台：最神圣的工作舞台

作为一名老师，徐立新说："从内心说，我最希望自己能安静地坐在办公室，或者出现在实验室和课堂里，按照自己的节奏从事最纯粹的教学科研工作。同时，我觉得讲课应是一个老师最应该做好的，讲台是最神圣的工作舞台。"

尽管科研和社会服务工作很忙，但徐立新始终重视教学和研究生培养工作，注重对学生的引导和教育。谈到上课，徐立新认为自己经历了三个阶段。在第一个阶段，初为人师，比较有新鲜感，上课的热情很高，会选择一些生动的教学手段，例如动画等浅显易懂的方式进行授课。但在这个阶段，自己对知识点的理解其实不够深入。到了第二个阶段，教学技巧比较熟练，但教学的热情有所下降。再到第三个阶段，随着社会阅历的丰富，科研工作的开展，自己对知识点理解逐步加深，会为学生阐述书本知识背后的含义，同时也非常乐于与学生分享人生经历，上课似乎成了享受。

徐立新谈及对课堂的理解："课堂，知识的传递是基础，但人生经历和经验的分享、社会认知的培养、全局发展意识的树立更加重要，是培养学生的重要场所。"

徐立新认为，随着人工智能时代的到来，特别是教学手段的多样化，资讯高度发达，如果一个老师上课只是讲解书本知识，那远远不够，必须紧密结合科研进展和丰富阅历阐述书本背后的知识。同时，传统的教材、课件以及上课方式都需要全面革新，从这个意义上说，教学工作充满了挑战。

为了更好地适应要求，徐立新承担了多项教学改革和建设项目，"我希望自己能静下心，完成好这些教学项目，不断提升自己的教学水平"。

徐立新所走的道路，是他用勤勉踏实之意积淀，以坚守信念之志延续，以包容共赢之心打造，倾赤诚关怀之情铸成。他的路，在不断地为莘莘学子指引着方向。

导师寄语

在用心与同学们交流的过程中，就是想把自己的经历和经验分享给大家，能够让大家更加明确目标，少走弯路，为大家在通往未来的路上有所指引。

学生感言

徐老师是一名做事认真且富有责任心的人，同时他也是我们整个课题组最勤劳的人，是我们学习上的榜样。每个周末、寒暑假，徐老师都在办公室里进行科研或办公。徐老师总会认真指导每一位同学设计课题、分析数据、撰写论文，每一个实验细节他都思考得到，并会建议大家多阅读、多关注最新的科研动态，还会给我们分享优秀的文献以帮助我们提高科研能力。

——2021级博士研究生宋晋伟

张文魁

○━━ **导师简介**

　　张文魁，浙江工业大学新能源材料与技术研究所所长，材料科学与工程学院教授、博士生导师。长期从事电化学储能材料及电池产业化技术研究，在国际知名期刊发表学术论文 200 余篇，获得国家发明专利授权 30 余项，省部级科技奖励 3 项。曾先后获得浙江省高校优秀教师，浙江工业大学师德标兵、师德先进个人等荣誉称号。

教书育人这件事，
来不得一点马虎

科研是生命，一份坚守勇担当

博士刚毕业时，张文魁也经历过年轻人的选择、困惑和迷茫，但始终明确的是立志于科研这一目标，他回忆道："来到浙工大，是一次命中注定的邂逅，更是一次偶然中的必然，科研路一晃就是 28 年。"

一直投身于锂离子电池、锂硫电池和全固态电池等各个发展阶段的科学探索，张文魁紧紧抓住国内外新能源技术发展的历史机遇，前瞻性、预见性地致力于锂电池的产业化应用，每一阶段的研究都把握住了学科和产业发展的前沿和热点问题，做出了一系列非常具有原创性的研究成果。

电池领域是张文魁的强项，在高功率圆柱电池、方型铝壳电池、大容量方型软包电池以及电动汽车锂离子电池等方向，他都有所突破、有所成就。此外，在锂离子电池材料以及电池制造工艺方面，张文魁也有自己的一套成熟的体系。

张文魁谈道："不要看这几年新能源电池如火如荼，十几年前我们可是一直坐着冷板凳，但做科研就需要不断的努力和持之以恒的钻研，就是认定方向后坚持一条路走到底，有时候甚至需要一种撞破南墙不回头的韧性。"

在做好前沿基础研究的同时，张文魁不忘工科院校的本色，始终牢记科研服务于社会的宗旨，与省内外多家企业开展横向科技合作，在锂离子电池产业化方面取得了一定的成效，先后开发了高功率圆柱电池、方形铝壳电池、大容量方形软包电池以及电动汽车动力锂离子电池，在锂离子电池材料以及电池制造工艺方面一直处于国内领先水平，目前与企业合作开发的大圆柱锂离子动力电池已成功应用于电动汽车，产值达上亿元。

　　三十年如一日，张文魁一直都潜心探索新能源材料与电池技术领域的前沿研究和产业化开发，为产业发展和科学研究付出了自己无悔的青春，用年华实践了"探索真理，求解未知"的科研精神。

　　培养年轻教师是张文魁一直都很注重的，不断致力于建立一支学术水平高、年富力强、知识结构合理的新能源学术研究团队也是他一直都在坚持的。"每一名青年教师都是一步一个脚印成长的，我们要从学院和学校长远发展的角度去培养年轻教师，发展团队，为他们铺好路，架好桥。"

张文魁（左六）所在研究所合影

他先后指导了 4 名青年教师，在他的指导下，其中 1 人成长为"国家优青"、2 人晋升为教授、2 人晋升为副教授。张文魁所在研究团队也分别于 2015 年、2016 年和 2018 年获得学院"至真杯"科技创新奖。

张文魁谈道："我也是从一名青年教师一步步成长为现在的我的，作为过来人，我更清楚年轻教师的发展历程，我一定会尽自己所能帮助年轻教师少走弯路。"

教书即修行，一片赤诚敬热土

除了学术科研成果，张文魁也非常注重课堂教学效果，如果要拿教书做比喻，张文魁把它看作是一场修行。

要做专业领域的"修行"者，张文魁谈道："我们作为老师需要不断进步，跟上时代步伐。特别是在知识更迭迅速的时代，我们要主动修行，这样才不会被时代所淘汰，也对得起课堂上的每一位学生。"

有苦有甜是"修行"。张文魁继续说道："面对课堂上的各种情况和各类学生，我们要有定力，将这些教书生涯中的元素变为我们的成长足迹。"

"修行路上，没有'成者王侯败者寇'，也没有谁的风景更美丽，我们只要问心无愧、尽力而为，就会有风雨后的彩虹，这样更值得我们回味和铭记。"张文魁正是用每一次尽力而为铺就"修行"之路。

每每说起第一次登上讲台，张文魁的眼睛里总是闪烁着光芒，"我之前也有过讲课的经历，是在求学时担任小组长的时候。当时讲解做题思路和原理，我觉得都很简单，因为下面是我的同学和老师。但是，以教师身份登上讲台，对我而言是不一样的体验。"

第一次给学生上课，张文魁来得比所有的学生都早。他就站在讲台上，安静地翻着自己准备的1万多字讲稿和PPT。在这一堂师生都紧张的课堂上，学生们眼神中既迷茫又充满着对知识的渴望。"仿佛坐在台下的就是年少的自己。"张文魁感慨道。

从那时候起，张文魁更加认识到自身所担当的责任，也更加感受到教师这一职业的神圣性，正如他常说的也是一直在做的"教书育人这件事，来不得一点马虎"！

正是因为张文魁始终坚持这样的原则，常年主讲"环境材料"和"能源材料"等本科生主干课程，以及"材料结构与性能""材料热力学""专业前沿讲座"等研究生核心课程的他深受学生们的喜爱和好评。

上过张文魁老师课的研究生都有着一致的评价，"每一次上张老师的课都收获满满，不仅是因为张老师细致耐心且深入浅出的讲解能让大家快速理解、吸收，还因为张老师每堂课都会结合自己的研究和我们谈学术前沿，尤其是让

张文魁（右）入选浙江省省级人才项目留影

我们了解目前国内材料行业和国外的差距，进一步指明了我们作为研究生的责任与使命"。

张文魁老师坦然道："我现在上课还是特别紧张，但是和我第一次的紧张不同了，我是担心自己的知识储备不能满足学生的求知渴望，特别是现在的科技和知识呈现指数级增长，我们老师要给学生一碗水，自己起码要有一桶水，这更要求我们要做活到老学到老的榜样！"

育人为本职，万千桃李满天下

谈到自己的身份，张文魁把导师摆在尤其重要的位置。参加工作以来，张文魁已培养毕业博士 7 名、硕士 36 名，目前在读硕士研究生和博士研究生 20 余名。

已毕业的学生不仅视张文魁为良师，更是益友，时常请益。张文魁不辞辛劳，常年奔波在他们所在的企业，指导他们解决各种技术难题，其中 5 名毕业生已成长为所在企业的技术骨干。有 2 位硕士毕业生在企业积累了实际工程技术经验后，立志"回炉"，继续师从张文魁攻读博士学位。

除此以外，他还给每位研究生布置了一项课外作业——在自己感兴趣的领域研究立项并且参加国内外的竞赛活动，不断开拓实践，扩宽学术视野。

正是这样的任务，让他指导的学生更具独立的学术思考能力。张文魁始终强调要敬畏科学，以慎之又慎，严之又严的态度来对待科研。书山有路勤为径，学海无涯苦作舟。在张文魁的影响下，学生们也纷纷在自己热爱的领域奋发图强，前行在探求真理的求学之路上，刻苦但不孤独。

在学生的培养上，张文魁始终认为，导师不仅要指导学生的科研和学业，更要教会学生人生道理。

在科研之余，张文魁常常谈及自己的求学经历来鼓励学生，"当年我辗转于上海、哈尔滨、杭州三座城市的求学路上，在中国的半壁江山中兜兜转转。从学士到硕士，再到博士，我始终守着求知初心，不断学习和研究材料学领域的各种难题。其中虽有许多困惑和曲折，但这都打不倒我，反而磨砺了我。既然我选择了科研之路，那便只顾风雨兼程"。

张文魁用一个个故事、一次次谈心、一场场交流，让学生学会思考、学会规划、学会适应。对于每一位刚踏入学术领域的研究生，张文魁都会用他特有的方式为其开启"研究生第一课"，他会花一下午的时间和学生谈心谈话，特别是作为一名研究生应该如何有计划、有目标地度过这重要的学习阶段，哪怕是一些科研"小白"看似很幼稚的问题，他都一一悉心回答，为学生解惑。

张文魁还时刻关注着学生们的日常校园生活。他一直跟学生强调："身体是革命的本钱。只有一个健康的体魄，才能支撑着我们去高效地学习知识，并在科研的道路上不断探索。"

育人是本职，张文魁言传身教，倾力倾心，用实际行动传授学生材料知识和人生道理，润物无声，学生们受益终身。

🟡 导师寄语

研究生要多思考，多动手做实验，培养独立的思考能力和自主的动手能力。

张老师让我们在闲暇的时候培养一项运动爱好。运动既能强健体魄，又能放松在学习与科研中一直紧绷的大脑，还能增强自信去面对科研历程中的种种艰难。运动这个习惯让我离开学校参加工作后依然受益匪浅。

——2018 级硕士研究生余里悦

孙培龙

导师简介

　　孙培龙，浙工大生态工业创新研究院院长，食品科学与工程学院二级教授、博士生导师，入选浙江省"新世纪151人才工程"培养名单。浙江省首批重点创新团队食用菌行业创新团队带头人，入选全球前0.05%顶尖科学家榜单，承担完成国家级、省部级科研项目30余项，获省部级科技进步奖一等奖2项、二等奖1项、三等奖5项，发表SCI论文150余篇，授权国家发明专利60余件。曾获浙江省"三育人"工作先进个人、浙江省农业科技先进工作者、浙江工业大学第四届研究生"我心目中的好导师"等荣誉。

以大德传道、以博学授业、以师爱解惑

业务精湛、不忘初心，精耕细作教学责任田

作为食品学科的领军人物，孙培龙几十年如一日致力于推动食品学科建设和发展，孜孜不倦，倾注心血，他在推动学科评估与教学质量评估方面取得了优异成绩，进一步夯实了学科的科研与教育基础，为学生提供了更为广阔的学术平台。他时刻以国家和人民的利益为己任，殷切期望学生们早日成为社会栋梁，为我国食品行业注入新的活力，为国家培养更多可堪大用、能担重任的时代新人。

作为一名教授，孙培龙秉持"学为人师，行为世范"的信念，严于律己，笃信身教胜于言传，以实际行动感染学生。他坚守教书育人初心，致力于铸魂育人，不仅传授知识，更注重培养学生德才兼备、全面发展，彰显了教育者的使命与担当。尽管事务繁忙，孙培龙依然坚持为研究生授课，不辞辛劳地承担了更多教学任务，先后讲授了"现代食品分离技术Ⅰ"、"现代食品分离技术Ⅱ"和"食品科学研究进展（双语课）"等核心课程。孙培龙授课条理清晰，善于将理论与实践紧密结合，通过例题帮助学生更好地理解复杂知识，他寓教于乐的教学风格和对学术的严谨态度，赢得了学生们的高度认可。

孙培龙渊博的学识、精湛的教学能力和持之以恒的奉献精神，是他过去39年为学生们扬帆起航提供强大动力的源泉。学生们赞誉他："孙培龙老师的课深入浅出，复杂的科学原理在他的讲解下变得生动、易懂。""孙培龙老师治

学严谨,精益求精,他不仅传授知识和技能,更教会我们科学的态度与思维方式。"他对研究生教学的坚持、不懈的付出和严谨的学术追求使他深受学生们的喜爱与尊敬。

春风化雨、言传身教,灌溉施肥育人苗木林

作为研究生导师,孙培龙以"春风化雨"的方式滋养学生,不仅在学术上指点迷津,还通过言传身教启迪学生心智,循循善诱地引导他们成长。孙培龙坚持因材施教,尊重每个学生的兴趣与潜力,帮助他们找到合适的发展方向,并以包容共进的理念关怀学生的全面发展,培养了一代代优秀食品人才。

孙培龙指导学生进行科研实验

指点迷津。孙培龙定期组织的课题研讨会，是学生们受益匪浅的重要活动。很多学生都记得第一次参加课题组会议时的情景——金秋九月的一个午后，在充满茶香的小楼中、在宽敞明亮的研习室里、在波光粼粼的下渚湖畔等，研一新生们怀着紧张与期待进入场地。孙培龙为大家准备了许多美味的食品，其中不少是他的研究成果。这些食物不仅展现了学术的美好，也打破了学生们的拘谨与距离感。会间，学生们一边品尝着这些精致的食品，一边聆听孙培龙耐心讲解研究中的疑难点。令人印象深刻的是，孙培龙第一次见面就记住了所有学生的名字，并给予每个人亲切的指导，像一位智者为学生们指明学术道路上的前行方向。这样的场景让学生们在初入科研的迷茫中感受到了导师的温暖与用心。

因材施教。孙培龙深知每位学生都有自己独特的兴趣和潜力，因此在指导过程中，他始终坚持因材施教、因势利导。他敏锐地洞察每个学生的特点，为他们量身定制培养方案，既指引学术发展，也为人生铺路。徐瑶阳是孙培龙2016届的硕士研究生，热衷于烘焙，经常在业余时间制作甜点，并分享在社交媒体上。孙培龙不仅没有忽略她的这一兴趣，反而鼓励她继续发展这份热爱。他还主动帮她联系了一位已毕业、正在经营烘焙店的师姐，并促成了她们的合作。在孙培龙的悉心引导下，徐瑶阳通过合作推出了更多创新产品，事业蒸蒸日上。孙培龙不仅激发了她的学术潜力，还帮助她开拓了人生的广阔舞台。

循循善诱。孙培龙对学生的关怀不止于学术，对他们的精神生活同样关心备至。他时常第一时间收集最新的科研动态和学术信息，并分享到课题组的讨论中，鼓励大家学习、分享与思考。在他的带动下，学生们不仅提高了学术能力，也学会了分享与合作。孙培龙的教导从不急于求成，而是循循善诱，像园丁一样耐心地栽培每一位学生，帮助他们一步步稳健地在学术的土壤中扎根、成长。他细致入微的引导让学生们在不断实践中逐渐成熟。

包容共进。孙培龙始终倡导包容的态度，他教导学生们在面对学术上的分

孙培龙（左二）带领学生开展社会实践

歧和生活中的矛盾时，要学会宽容与理解，在竞争中保持公正，在合作中共同进步。2015 届硕士研究生李泽桦回忆道："最初听到孙老师讲这些时，我并没有特别的感触，但随着求学生涯的深入，孙老师的包容与关怀逐渐融入了我们的日常生活。我在课题组中感受到的不仅是学术上的合作与交流，更是像家庭般的温暖。"在这种包容氛围的滋养下，学生们彼此支持、共同成长，在面对困难时互相鼓励，在挑战中一同前行。

刻苦钻研、知行合一，不断充盈科教蓄水池

在教书育人之余，孙培龙始终坚持刻苦钻研，紧跟学科前沿理论，专注于大分子多糖和蛋白质的分离、纯化及功能研究，尤其在食用菌功能性成分的深

加工领域成绩斐然。他承担并完成了30余项国家级、省部级科研项目，获得了多项省部级科技进步奖，并经常参与国内外学术交流，将先进的学科知识融入教学，提升了学生的学术视野。

孙培龙不仅致力于培养研究生的专业能力，更注重提升他们的创新创业能力和社会服务意识。他积极组织和指导学生参加各类科技竞赛，学生们屡获佳绩。在他的引领下，学生吴思弘、夏久洁等获得了2020年浙江省国际"互联网+"大学生创新创业大赛银奖。孙培龙坚信，科创竞赛和实践经验对学生的成长有着深远的影响，因此他不遗余力地为学生创造机会，助力他们在学术和实践中不断突破自我。

此外，孙培龙每年假期都组织并指导学生参与暑期社会实践，深入乡村和工厂，宣传食品安全与营养知识。这些活动不仅在高校中产生了广泛影响，还促成了浙江省高校食品安全与营养联盟的成立。作为联盟的指导老师，孙培龙从活动规划到执行全程参与，致力于将联盟打造为具有特色和影响力的平台。通过科研、教学和社会实践的有机结合，孙培龙不断为科教事业注入新的活力。

孙培龙几十年如一日坚守育人初心，以大德传道、博学授业，扎根于食品学科，致力于培养高素质专业人才。他始终重视研究生培养，因材施教，帮助学生在学术研究和人生规划中不断成长；他始终紧跟"健康中国"战略，将食品科学与国民健康紧密结合，推动学生在创新与实践中服务国家需求，为国家输送了一批批食品安全、营养健康等领域的高层次人才。

导师寄语

我所追求的师生关系是良师益友，即用爱心给予学生关怀，用真心给予学生关切，用诚心给予学生关爱，用信心给予学生助力，用细心给予学生教导。

学生感言

我的导师是一位学识渊博、认真负责、平易近人的教授。孙培龙老师在专业领域的知识非常扎实，拥有丰富的研究经验，并在该领域发表了许多高质量的论文。我们经常会看到孙老师下班后还在加班处理各种事务，勤勤恳恳，一丝不苟。孙老师脾气很好，所以整个团队的氛围很轻松、很温暖。孙老师很关注学生的身心发展，他让我们自由地成长。他的关心和鼓励使我的研究生生涯中充满了动力和热情。我很庆幸能有他作为我的导师，并对他的指导和教诲深表感谢。

——2020 级博士研究生刘高丹

周绪霞

🏷 **导师简介**

周绪霞，浙江工业大学健康食品与智能制造研究中心主任，食品科学与工程学院教授、博士生导师，入选国家"神农英才"计划、浙江省高校领军人才、浙江省农业科技先进工作者等，并荣登2022年"全球前2%顶尖科学家榜单"。先后主持国家自然科学基金、国家重点研发计划子课题等国家和省部级项目14项，成果获浙江省科学技术进步一等奖等省部级奖项7项；主编著作1部；参与制修订国家和行业标准6项；发表学术论文110余篇。

师以匠心弦歌不辍，
赓续初心砥砺深耕

言传身教，润物无声，知"食"育人

周绪霞是一位有着丰富教学经验和深厚学术造诣的优秀导师，她谦逊温和，一直坚持在科研一线，时刻关注着食品研究领域的前沿进展，以其敬业和耐心赢得了广大研究生的喜爱和尊敬。

在教学和科研工作中，周绪霞始终以身作则，用自己的一言一行潜移默化着学生。她坚持用学者之"严"和师者之"爱"培养了一批批食品行业的专业人才。周绪霞不仅注重学生的学术成长，更强调学生爱国情怀与社会责任感的培养。通过课堂内外的互动与交流，她将德育有机地渗透到学生的日常生活中，确保学生在"学思践悟"中不断提升。

授课时，周绪霞善于结合前沿研究成果和实践经验，将理论与实际紧密融合，帮助学生养成独立思考、敢于探索的科研习惯。在"食品工程与加工新技术""水产品保鲜与加工学"等课程中，她授课条理清晰、重点突出，将复杂的理论通过实例不断剖析，帮助学生深刻理解食品加工的最新技术。研究生们纷纷称赞周绪霞老师的课堂"内容紧凑，每堂课都耐人寻味"。

学术精湛，成果卓越，"食"践育人

在学术领域，周绪霞先后主持国家自然科学基金项目、国家重点研发计划课题和子课题、浙江省重大科技专项、"三农九方"科技协作计划"揭榜挂帅"项目等各类纵向课题和企业委托项目 20 余项，在食品精深加工与品质控制、食品贮藏保鲜与质量安全控制、健康食品开发等方面具有较好的研究积累。她的学术成就也为她赢得了国内外同行的认可和赞誉，她担任《食品工业科技》《肉类研究》期刊编委及《食品科学》等期刊的审稿人。

她不仅在自己的专业领域内取得了显著的研究成果，还高度重视科研实践对研究生教育的重要性和必要性。周绪霞通过创新培养模式，为学生提供了广阔的发展平台，激发了研究生的创新潜能。

一方面，周绪霞积极探索科技小院研究生培养模式，她作为牵头专家和浙江清溪鳖业股份有限公司建成浙江德清乌鳖科技小院，带领研究生深入农业生产一线，在完成理论知识学习的基础上，重点研究解决农业农村生产实践中的实际问题，旨在推进农业农村领域高层次应用型人才培养模式改革，服务乡村人才振兴，推广现代农业技术。目前已有 4 名研究生入驻该科技小院，周绪霞真正引导研究生把科研论文写在祖国大地上，激励广大青年扎根中国大地、了解民情国情。

另一方面，周绪霞还重视培养研究生的创新创业能力，引导研究生在理论学习、课题科研的基础上，积极参加科创比赛，通过参赛、备赛、比赛，切实提高学生的创新意识和创新能力，在创新创业中增长智慧才干，既怀抱梦想又脚踏实地。在周绪霞的带领下，团队凭借"鲜起源——水产品锁鲜冻眠新助力"项目在第十三届"挑战杯"中国大学生创业计划竞赛中斩获金奖，为学院和团队实现挑战杯国赛的首金突破。

导生情深，同筑梦想，共享"食"光

作为一位优秀的导师，周绪霞不仅是研究生学术路上的引路人，更是他们生活中的知心朋友。在与学生的朝夕相处中，她以高尚的师德和慈母般的温情陪伴学生共同成长。在她的言传身教下，学生们收获的不仅是知识，更是生活中面对各种挑战和机遇的勇气。迄今为止，周绪霞已经培养了 3 名博士研究生和 44 名硕士研究生。毕业生中，有的前往昆明理工大学任教，有的进入杭州、台州等地的食药监局或海关检测部门，或是进入农夫山泉、新迪嘉禾、新希望集团等国内一线食品企业，从事研发工作。研究生们在与周绪霞老师的相处中，总结了她非常鲜明的四个特点：严谨治学、温情关怀、创新思维和团队凝聚。

周绪霞（中）指导学生进行科研实验

严谨治学，追求卓越。周绪霞在科研与教学中始终保持严谨的治学态度，她以一丝不苟和求真务实的科研精神激励着每一位学生。无论是科研项目还是课堂教学，她都要求学生深入思考，精益求精。2019级硕士研究生张沚文回忆："每次去导师办公室，老师总是在看文献、学习和工作，周老师对科学研究一丝不苟、实事求是的精神深深感染了我。"正是这种态度让学生们学会了在科研中保持严谨的思维和对细节的高度重视。

温情关怀，春风化雨。除了学术上的严格要求，周绪霞对学生的关怀更是无微不至，总是尽力解决学生在生活中的困惑，给予他们温暖和支持。她用温柔而包容的态度与学生建立了深厚的师生情谊。2019级张琦博士曾在课题上停滞不前，周绪霞不仅没有责备，反而悉心指导，耐心地帮助她梳理问题的关键。甚至在毕业后，张琦遇到科研上的问题还是能迅速地得到周绪霞的解答和支持。周绪霞的宽容与温柔让学生们在课题组中感受到了如同家庭般的温暖。

创新思维，培养未来。周绪霞不仅注重学生的学术成长，还大力培养学生的创新精神和实践能力。在她的指导下，学生们不再是知识的被动接受者，而是成为主动的探索者和创造者。他们学会了如何从不同角度审视问题，如何运用所学知识解决实际问题。周绪霞鼓励学生参与各种科技创新比赛，通过实践锻炼提高科研创新能力。2019级硕士研究生俞杰航回忆道："周老师总是以解决问题为导向，帮助我们突破科研中的瓶颈。"

团队凝聚，携手共进。在周绪霞的课题组中，团队精神尤为突出。她深知一个强大的团队能为每位成员的成长助力，因此她鼓励学生们在课题组中相互学习、相互帮助，发挥自己的专长并与他人协作，最终形成了一个温暖而有凝聚力的集体。2020级硕士研究生巫丽君说："在周老师的指导下，我们课题组如同一个大家庭，大家拧成一股绳，携手前行。"周绪霞总是鼓励学生们在组会上大胆发言、相互交流，充分尊重每个人的想法与意见。这种平等、尊重的团队文化让学生们在科研的道路上走得更加稳健和自信。

周绪霞（后排左五）与毕业生们合影

周绪霞和研究生们的故事，不仅展现了她的严谨治学、温情关怀和创新思维，更让我们看到了她对学生的深切关爱和不懈追求。在她的悉心引导下，学生们不仅在学术上有所突破，更在生活中学会了独立和坚强。正如2023级硕士研究生章孝颜同学所说："周老师的教导让我懂得如何稳步向前，她是我学术路上的明灯。"

导师寄语

　　欢迎同学们踏入食品科学领域，我期待你们以探索精神和学术热情追求卓越，通过交流与创新推动学科进步，共同书写科研新篇章，成就精彩未来。

学生感言

　　不知不觉，我已经做周绪霞老师的弟子近七年了。这七年里，周老师于我严慈相济，亦师亦友。她是位个性温和的老师，不会以严词训责我，但是我们非常敬仰她。周老师在生活中经常与学生们共情，关心学生的生活；在科研中更是对我们悉心指导。周老师给我们每个学生一个课题的方向，让我们去搜索相关文献学习了之后再回来与她讨论，这时她便给出她专业的建议。身为周老师的弟子，我更多的是感到骄傲与安心，有周老师为我们保驾护航，我们这一群科研雏鸟便能更安心地展翅高飞，尽情翱翔！

——2024级博士研究生朱浩

姚建华，浙江工业大学机械工程学院院长，教授、博士生导师。主持国家重点研发计划项目、国家自然科学基金重点项目等项目120余项，出版中英文专著4部，主编高等专业教材8部，授权美国、德国、日本及中国等发明专利80余项。作为第一完成人，获得国家科学技术进步奖二等奖1项，国家级教学成果奖二等奖1项，浙江省科技成果奖一等奖3项、二等奖1项、三等奖1项，中国机械工业科学技术奖一等奖2项、二等奖1项，中国专利优秀奖、浙江省首届专利金奖各1项，浙江省教育成果奖一等奖2项。

百年树人一束"光"，
德馨如炬照前方

坚守育人一线，甘为后学人梯

从教三十余年，姚建华始终以高度的责任感和使命感，奋战在高等教育教学科研工作第一线。他主讲的"3D打印——从想象到现实""激光加工技术""激光制造""金属材料加工理论与成形技术""激光制造与增材制造前沿（双语）""高能束制造理论与技术"等课程，贯穿本科、硕士、博士培养层次，课堂常常座无虚席。在课程创新与改革方面，姚建华将自己在剑桥大学、密西根大学等国外知名大学访学时学到的教学方法和理念大胆地运用于教学尝试，在不断地探索教学改革中激发学生学习兴趣，让理论课堂也变得更加生动、更富有吸引力。

站在教学一线，姚建华坚持用科研反哺教学，其开发的"激光表面改性虚拟仿真实验"教学课程入选国家级一流本科课程，"以'两个基地'建设引领的'立地登峰'机械类研究生培养模式探索与实践"获国家级教学成果奖二等奖，"面向区域先进制造产业集群的机械类硕士协同创新培养"获浙江省教学成果一等奖，"适应区域经济的机械工程专业硕士研究生培养模式创新与实践"获浙江省研究生教育学会教育成果一等奖，"非工程类《机械工程导论》课程建设"获浙江省教学成果二等奖。姚建华主编《机械工程概论》《金属工艺学实习教程》等12部教材，其中《机械工程导论》和《机械制造工程实训》被列为"十一五"、

"十二五"国家级规划教材。

给新生上"院长第一课",姚建华已经坚持了十年。每年的第一课上,他都会问新生们同一个问题:"如果要解决一个复杂的工程问题,需要的是公式、方法还是思维?"十年一问,凝聚了他育人的心血,更叩开了每一位新生的思考之门。浙江工业大学正高级工程师、姚建华的学生王梁说:"姚老师对科研的热爱、对学生的关爱,像源头活水一样灌溉着我们,他是真正的'四有'好老师。"

坚守报国初心,担当树人使命

作为研究生导师,姚建华常常在组会上和学生们分享自己做研究的初心,叮嘱学生们"少做论文,多做样机和样品""要把干货亮出来""坚持'教育报国守初心、立德树人担使命'",将科学研究现场融入教学,这是他追"光"36年不变的坚守。

"汽轮机叶片工作在湿蒸汽区,有大量水滴,在高转速作用下叶片容易汽蚀失效。一支叶片失效就会造成整台机组停机。"姚建华说,"十几年前,汽轮机叶片的表面强化技术被国外垄断,我方只能高价采购,当时一支百万千瓦机组末级叶片就要3万多欧元,相当于一辆奥迪轿车。"仅用两年时间,他带领团队攻克了百万千瓦超临界汽轮机叶片的激光强化核心技术,实现了从"无"到"有"的突破,技术指标全面逼近国外同类产品。该技术突破带来了巨大的经济效益,姚建华却毫无保留地把技术交给了国内专业厂家。他用自己的行动在践行着"追光"的初心,也用自己的选择为所有研究生做出了榜样——"科学无国界,但科学家有祖国"。

在更高追求的指引下,姚建华培养专业领域博士研究生、硕士研究生200

姚建华在第四届激光复合制造协同创新国际论坛上致开幕词

余名，指导王晔博士获上银优秀机械博士论文奖，指导的研究生中有 8 人获评浙江省优秀学位论文，9 人获评校优秀学位论文；培养省级、校级优秀毕业生 12 人，56 人获国家奖学金、优秀学生干部、优秀共青团干部等荣誉，为相关产业和专业领域输送了一大批中坚力量和领军人才。

深化产教融合，润泽桃李芬芳

深化运用 PBL 教学法，注重"三个转化"，即将科研成果转化为教学内容、科研过程转化为育人过程、科研平台转化为育人基地，是姚建华在育人路径中

姚建华（右一）指导研究生做螺杆激光修复实验

最重视的一环。他以"做有用的科研"为目标，提出了与区域产业集群互动的研究生培养模式，并牵头与杭汽轮等龙头企业合作，组建了 10 余家研究生校外实践基地，成效显著。在引导学生聚焦国家建设发展和产业升级所需开展科学研究的过程中，姚建华也积极鼓励学生参加社会实践和科技竞赛，用脚步丈量祖国热土、用心灵感受时代脉动。他指导学生参加中国国际大学生创新大赛、"挑战杯"全国大学生课外学术科技作品竞赛、浙江工业大学"运河杯"大学生课外学术科技作品竞赛、中国大学生机械工程创新创意大赛、"精雕杯"毕业设计赛等多项比赛，获得 20 余项荣誉，其中包括第七届中国国际"互联网+"大学生创新创业大赛金奖、银奖各 1 项。

此外，姚建华牵头打造的国际化人才培养模式获批国家留学生基金管理委员会创新型人才国际合作培养项目，累计派出访学学生 30 余人；他发起的"激光复合制造协同创新国际论坛"品牌会议，为学生搭建了跨文化交流协作平台。

对姚建华来说，将毕生奉献于教书育人、科学研究，是一件值得的事情，"今后我只想做好两件事：攀登新的科学高峰，为党为国家培养更多的青年英才"。

导师寄语

每一个挑战都是迈向成功的一步，愿你们不忘初心，不畏挑战，敢于追求真理，书写属于自己的辉煌篇章。

学生感言

姚老师时常教导我们要做有用的科研，瞄准工程实际生产中"卡脖子"的问题。他身体力行，务实科研，甘坐冷板凳，激励我们做科研必须坐得住、钻得进、研得深。

——2022 级博士研究生范伟鑫

高增梁

　　高增梁，浙江工业大学过程装备及其再制造教育部工程研究中心主任、动力工程及工程热物理学科负责人，机械工程学院教授、博士生导师，嵊州市浙江工业大学创新研究院院长。获国家科学技术进步奖二等奖1项，省部级科学技术进步奖一等奖4项。全国五一劳动奖章获得者，浙江省有突出贡献中青年专家、浙江省功勋教师、浙江省劳动模范，享受国务院政府特殊津贴。

熬岁月于灯下寻真理，
存信念于学术写诗篇

执着追求，做教育事业的奉献者

1984年，高增梁就职于浙江工业大学。41年来，高增梁兢兢业业耕耘在教育一线，牢牢坚守对教育事业的执着追求，先后承担了7门本科课程、4门硕士研究生课程及3门博士研究生课程。在教学中，高增梁铭记教师身份，恪尽职守，以饱满的精神状态立足课堂主阵地，通过生动的典型实例和深入浅出的讲解将教材内容化繁为简，让艰深晦涩的知识点变得浅显易懂。

在信息高度发达的现代社会，借助搜索引擎了解知识一定程度上使理论碎片化了。高增梁有着作为学者的见解和执着，认为书籍作为理论的载体，阅读书籍能够以寻找为导向形成完整的理论体系，进而编织出智慧的网络。在屏峰校区的办公室中，高增梁的书桌宽敞、书柜整齐，他常以微笑接待来访的学生，平和地建议道："如果你对这个问题感兴趣，可以买本书去看一看，书还是要多看的。"在日常教学中，高增梁时常鼓励学生以课本书籍为基石、以勤学苦读为阶梯，广泛探索前沿知识，充分挖掘兴趣范畴，主动探索未知领域。

随风潜入夜，润物细无声。高增梁从教以来，时刻关注学生的学业，也鼓励学生发展兴趣爱好，更尊重学生的人生理想，包容年轻学生每个"莽撞"的想法。他严格雕琢自己的科研事业，将头脑里充盈的智慧奉献给工程应用，将坚韧的学术信念流淌在悠悠岁月里。对学生来说，高增梁是一盏指路的明灯。

高增梁（左）指导学生操作疲劳试验机

他扎实的学科基础犹如坚实的路基，支撑着学生未来的学术发展。正如他脚踏实地的科研风格一样，高增梁会沉下心来站在更高的层次去分析学科的发展。在与他交流的过程中，学生们总是能深刻体会到他的热情与温暖。当谈及学术问题时，他爽朗的笑声既亲切又温暖，彰显出其作为长者的独特魅力。

开拓创新，做科研育人的践行者

高增梁是"双肩挑"的典范，他不仅在教育领域精耕细作，是德高望重的教育专家，而且也在科研领域大放异彩，是一名杰出的科研工作者。高增梁曾承担多个国家基金、"863"课题及国家重点研发计划的子专题项目，并获得了多项国家科学技术进步奖和省部级科学技术进步奖。2019 年，嵊州市浙江工业大学创新研究院成立，高增梁担任院长。在他的推动下，研究院成为"以产促研、以研助教、以教哺产"的地方实体研究院新样本，充分体现了学术与实践的紧密结合；2023年，嵊州市浙江工业大学创新研究院牵头申报的项目荣获中国产学研合作创新与促进奖；2024年9月，浙江省高校"科技创新和产业创新深度融合"交流研讨会在嵊州举行。这一系列成果都是高增梁不懈努力的结果，他的努力不仅为学生创造了良好的发展平台，也推动了地方经济与科技的深度融合。

把实验室搭起来，研究院便有了骨骼，把学生和人才引进来，研究院便有了血液，然而还缺一根牵动全身的神经，高增梁便是这根神经。高增梁认为，

2022年中国大学生机械工程创新创意大赛"卓然—笃舜杯"过程装备实践与创新赛总决赛
高增梁（左）作为承办方代表交接赛旗

要将"产学研"深度融合，以科研创新驱动高质量发展，他奔波于各单位，同企业谋划研究院的未来时，不忘关注每一间实验室，学生教育在他心中占据着至关重要的位置。除了在日常工作中躬身指导学生参与科研项目，他还时常邀请学者与企业家到课堂上与学生分享前沿技术，鼓励学生开阔视野，聆听科学最前沿的声音，以拓展创新思维。

为让学生深刻体悟从事科学研究的乐趣与意义，推动学生独立思考与创新，高增梁始终鼓励学生积极参加多样化的科技竞赛与实践活动，给予学生足够的发展与尝试的空间。高增梁亲自指导学生参加中国国际大学生创新大赛、"挑战杯"全国大学生课外学术作品竞赛等各类比赛。2023年，他指导的博士研究生潘州鑫带领团队在第九届中国国际大学生创新大赛中获得主赛道金奖。这不仅是学生努力的见证，更是高增梁悉心栽培的结果。

以生为本，做导学关系的守护者

师者，以爱心育桃李，用仁德照学海。高增梁作为资深教育工作者，担任导师多年。长期以来，他充分发挥其在师生关系中的引导作用，积极构建良师益友型导学关系，深入了解并精准把握责任学生的群体性特点与个体性差异，将思政育人、教学育人、科研育人、心理育人紧密结合，形成了一套独特而高效的育人模式，引导学生在学习与科研工作中收获成功体验，提升自我效能感，促进学生科研发展和自我实现，不断增强师生间的情感互动。

2020年浙江省优秀博士论文获得者闾川阳表示："在博士课题最令我困扰的时候，我查阅了大量文献却仍未找到有效思路，是高老师建议我走出实验室，听听专家的建议指导。"通过国家留学基金委的公派留学资助，闾川阳与加拿大国家研究委员会的吴犀甲研究员及卡尔顿大学的刘蓉教授团队进行了深入交流，获得了极大的启发，最终成功建立了反应堆压力容器用钢的高温蠕变本构模型。在指导学生的过程中，高增梁不仅仅可以提供专业领域的支持与指导，更能在学生成长过程中给予深切的关怀。

高增梁带领学生前往各类企业调研与交流，增强了学生的实践能力也提升了其综合素质。博士研究生王一茜表示，她曾与高老师一同前往企业进行交流，那是她第一次作独立汇报。在出发前，高老师认真指导，帮助她修改演示文稿，强调工作中的严谨性。高老师的支持给予了她极大的安全感，最终，项目交流顺利完成了。在她的印象中，高增梁老师如同团队的指挥者，关注团队与企业的合作方向，致力于推动研究院的产教研融合。作为导师，高增梁关心一块砖、一抔土以及一棵小树，他叮嘱每位科研小树苗，要用一丝不苟的根长出有板有眼的叶。

高增梁（中）与学生到企业实地调研

高增梁的奉献精神与严谨态度，不仅深深影响了他身边的学生，也为教育事业的发展树立了榜样。在未来的日子里，他将继续在科研与教学的道路上，不断探索与追求卓越，继续为国家和社会培养更多优秀的人才。这样的精神将激励后辈们不断向前，勇敢追求自己的梦想。

导师寄语

在追求知识的道路上考验学生的好多种品质，科学的探索需要你们投入好奇和韧性，工程的实践更需要你们的勇气和创新，但努力永远是最重要的天赋和资本。

学生感言

高老师的治学和为人，无不彰显"学高为师，身正为范"的宗师风范，他求真务实的作风和高尚的人格魅力为学生在科研学习与为人处世上树立了毕生的榜样。师恩难忘，高老师的教诲与栽培我将永远牢记于心。

——2018 级博士研究生潘州鑫

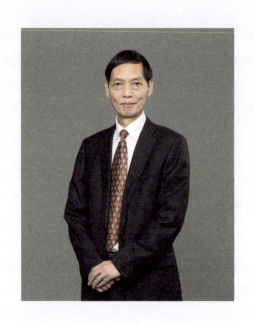

袁巨龙

导师简介

    袁巨龙，浙江工业大学超精密加工技术研究中心主任，机械工程学院教授、博士生导师。长期致力于精密与超精密加工技术及装备的研发与教学，主持30余项国家级科技项目，荣获国家科学技术进步奖二等奖2项、省部级一等奖6项。

砥砺前行攀高峰，
笃行不怠育英才

师道担当，奖掖后学

袁巨龙视实验室为第二个家，数十年如一日地坚守在那里。他对工作的热情与执着令人钦佩，无论是细微的实验操作还是厚重的学术论文，都凝聚着他无尽的心血与汗水。在他看来，教育的本质远不止于知识的堆砌，更在于品格的锤炼与思维的启迪，是引导学生成长并拥有高尚品德与卓越思维能力的过程。

在培养研究生的过程中，袁巨龙拥有一套独到且细致的方法体系。对于初涉科研领域的研一学生，他从基础做起，耐心指导学生高效阅读文献的有效方法，分享自己的经验，循序渐进地引领学生步入科研的大门；对于面临继续深造还是步入社会的人生重要抉择的毕业年级学生，他则常常以"学生为何踏入大学之门？旨在立志、成才、就业"为引，结合自身丰富的经历，给予学生既诚恳又实用的建议，在他们需要的时候伸出援手，提供力所能及的支持与帮助。学生们不仅养成了严谨的科研态度，还培养了创新的思维方式，并在多个领域取得了斐然成就。

三十载春秋，袁巨龙培育和悉心指导了近百名博士与硕士研究生。李敏与姚蔚峰分别在博士论文评选中荣获"上银"铜奖与"上银"优秀奖，王志伟与李敏更是摘得了浙江省优秀博士论文奖的桂冠。此外，众多学生在各行各业一线岗位上熠熠生辉，不仅在学术界崭露头角，更在科研探索、教育事业以及社

袁巨龙在 2023 年中国国际光整加工技术学术会议委员会暨研讨会上发言

会服务等多个领域作出了卓越贡献。他常言："对每一个细节的严谨对待，是对自我及他人的最大负责。"这句话如同一枚烙印，镌刻在每位学生的心田，提醒他们在面对任何挑战时，都要以百分之百的努力去对待每一项任务。

教学为先，科研一线

2021 年 11 月 3 日，袁巨龙站上了人民大会堂的领奖台，手中紧握着国家科学技术进步奖二等奖的奖杯。面对这份沉甸甸的荣誉，他笑容满面，谦逊而坚定地说："这不仅是荣誉的巅峰，更是全新征程的起点。"

2007 年 4 月 11 日，随着火箭的成功发射、帆板顺利展开、对地定向精准完成、时间精确校准、轨道成功注入，海洋一号 B 卫星于次日顺利进入正常运行状态。在这颗翱翔于万里高空、遥瞰蔚蓝大海的卫星上，搭载了袁巨龙联合相关团队专为水色仪研发的高精度轴承。自那时起，这枚看似微小的轴承已在太空中稳定服役逾十数载。

在这漫长的岁月里，袁巨龙带领团队不断攀登技术高峰，相继攻克了陀螺仪轴承、火箭燃料涡轮泵轴承以及航天员生命保障系统中耐强酸碱自润滑全陶瓷轴承等一系列高性能轴承的超精密加工难题。这些系列产品凭借卓越的性能在我国航天领域的市场占有率高达 90% 以上，不仅彰显了我国在航天轴承领域的自主创新能力，更为我国的航天事业提供了坚实的技术支撑与保障。

袁巨龙获得国家科学技术进步奖二等奖

面对如此斐然的成就，袁巨龙谦逊地表示："这一切虽始于偶然，但关键在于我们敢于打破常规思维，将一切看似不可能的挑战转化为可能。在攻克这些科研难题过程中，我们不懈努力，力求在每一个细节上都达到极致。因此，最终收获完美的结果也就成了必然。"在科研的征途中，他始终秉持着对"每一个细节上的完美"的不懈追求。

回想起"创业"初期，学校在该领域几乎是一片空白，没有任何研究基础。然而，这并未阻挡袁巨龙和他的学生们前进的步伐。他们不畏艰难，一路披荆斩棘，从职教学院到白洋饭店，再到假山校区等地，四处辗转，犹如科研战场上的游击战士。尽管条件艰苦，环境简陋，但他们的科研热情从未熄灭，脚步也从未停歇。正是这份对科研的执着与热爱让他们在逆境中不断成长，最终取得了令人瞩目的成就。

在科研的广阔天地里，袁巨龙迄今已在国内外顶尖期刊上发表了 300 余篇学术论文，这一数字不仅彰显了他在科研领域的深厚造诣，更映射出他对科研事业的无限热爱与执着追求。他凭借杰出的科研成果，两度荣获国家科学技术进步奖二等奖，并摘得 6 项省部级科学技术一等奖，这些沉甸甸的荣誉不仅是对他个人不懈努力与卓越贡献的高度认可，更是对其领导团队在科技创新方面所展现出的非凡能力与协作精神的赞誉。

袁巨龙这种持之以恒、精益求精的科研态度，不仅让他在科研道路上取得了举世瞩目的成就，更为他身边的学生树立了榜样。他的每一次突破，都是对"创新无止境，探索永不停"这一科研精神的生动诠释，激励着后来者在科研的征途中不断前行，勇于攀登新的高峰。

导师寄语

科研之路是探索与超越的旅程，愿年轻的你们能在挑战中不断成长，勇于创新，成就更好的自己。

学生感言

研一开学和袁老师见面的时候，我就感觉到了袁老师强大而又慈祥的气场。他分享了自己的经历，但却从没说自己的成就，他是那么的谦虚和低调，言语中却充满了智慧。在后续的见面中，袁老师根据我们的研究阶段和个性，教我们不同的学习方法，为我们指出不同的研究方向，我们每个学生处理好一件事都已经竭尽所能，但袁老师却能把握我们所有人的方向，是我们的掌舵者！所以，我很荣幸能成为袁老师的学生！

——2023 级硕士研究生葛伟龙

陈　勇

  **导师简介**

　　陈勇，浙江工业大学机械工程学院工业工程研究所所长，机械工程学院教授、博士生导师，浙江工业大学龙泉创新研究中心主任，浙江省机械工程学会物流分会常务理事。在智能物流、智能制造、智能算法等领域展开了一系列研究，主持国家自然科学基金项目、中国工程院专项咨询项目等项目 12 项。

以师之学促生智，
以师之思扶生志

党员先锋人物：党学育人，导学扶志

陈勇作为机械工程学院党委委员，时刻牢记自身的担当与重任，坚持以实际行动践行共产党员的初心和使命。他始终站在党建工作前沿，充分发挥党员先锋模范作用，指导参与学院党建工作，为增强学院党组织的凝聚力和战斗力作出了重要贡献。为更加有效地促进大学生党员的自我提升与深化发展，陈勇秉持"学生党员成长的贴心人"理念，深入研究适合大学生党员的管理方式，并取得了一系列实质性成果。

在组织学生党建活动过程中，陈勇始终重视师生互动的重要地位，主动担任师生互动倡导者的关键角色。为搭建师生之间深化交流的桥梁，他曾组织策划"成长路上手拉手、教师学生心连心"党建品牌活动，旨在通过形式多样的互动环节，打破师生之间的沟通壁垒，加深师生之间的情感联系，促进师生之间相互理解与共同支持。

近年来，高校毕业生就业形势愈加严峻。陈勇深知，高校毕业生就业是一项重要的民生工程、根基工程，是社会和谐稳定的重要保障。为积极响应国家对稳就业、促发展的号召，推动高校毕业生高质量就业，陈勇深入研究和推进大学毕业生就业工作，为毕业生们提供全方位的就业指导和支持，集结学院各方力量，成立毕业生就业工作小组，帮助工业工程专业在校生与毕业生建立联系，

陈勇获 2019 年吴文俊人工智能科技进步奖

以此缓解毕业生面临的就业压力。陈勇多次被评为"校毕业生就业工作先进个人"。

教育教学楷模：立德树人，深耕课堂

自 2000 年入职浙江工业大学以来，陈勇在教书育人的道路上不断追求卓越，用自己的实际行动诠释着"学为人师，行为世范"的深刻含义。数十年来，陈勇坚持严谨的治学态度，在教育这片沃土上默默耕耘、播撒希望，以高度的责任心和使命感，培养了一代又一代优秀人才，成为无数学子的引路人。陈勇深知教育的核心在于引导学生树立正确的世界观、人生观、价值观。他通过课堂教学、实践活动等多种方式，拓宽学生的全球视野，培养学生的跨文化交流能力，帮助学生树立职业目标和人生目标，鼓励学生传播和践行正确的理想观念。

在课堂教学中，陈勇坚持提升教学质量，通过丰富的案例教学、互动式的课堂以及自主开发的"物流工程"案例信息库软件，不断提高课程内容的实操性，赢得了学生的一致好评。在每年学评教环节中，陈勇所授课程均为优秀，教学业绩考核均为A。陈勇用教学实例说明：只要教师教有所成，学生学有所获，就能形成良好的正反馈机制，让"教"与"学"相辅相成、互益共进。

作为国家自然科学基金及多项省级科研资助项目的负责人，陈勇坚持教学与科研并重，努力实现教学育人与科研育人的有机结合。他在教学过程中注重

陈勇讲授"物流工程"专业课程

引导学生参与科研项目，将科研成果转化为教学资源，推动学生在实践中深化对理论知识的理解，加强培养学生深入思考、独立分析和理性判断的能力。

成长赋能专家：亦师亦友，领航同行

陈勇是学生成长路上的赋能者、发展路上的领航员、奋进路上的同行人。在他的心目中，教授学生不仅是一项日日夜夜都需要思考和践行的责任，更是他倾注了无限热爱与奉献的事业。为了与学生保持紧密的联系，陈勇选择用年轻人的聊天方式与之进行交流，他的 QQ 账号常年在线，无论是学习上的困惑，还是生活中的困难，学生们总能在陈勇的陪伴与帮助下找到解决方案。

"勇哥"是学生们送给陈勇的昵称。在学生的心目中，陈勇不仅是一位严谨的学者，更是一位值得信赖的良师益友。每当学生面临困惑时，他都会敞开怀抱，成为他们倾诉的港湾。无论是学业的压力，还是生活的烦恼，陈勇总会主动担任倾听者的角色，给予耐心且有效的指导，用爱心和关怀温暖每一位学生的心灵。在面对学生的各类问题时，陈勇总是能够展现出非凡的耐心和卓越的智慧，尤其是针对难以抵制外界诱惑而耽误学习的学生群体，他的引导更是让人印象深刻。曾经有位沉迷于网络游戏的学生，在陈勇的耐心疏导和默默指引下，逐渐找回了对学习的热情，经历一学期的努力后，该生不仅在学业上取得了显著的进步，更在科研上取得了优异的成绩。

创新实践典范：产学融合，赋能增效

长期以来，陈勇坚持做促进产学研深化融合的先行者，在从事科学研究的同时，积极与外部企业开展合作交流，曾为超过 20 家企业提供改善生产与物流的咨询服务，受到了社会各界企业的广泛好评。他始终相信，理论联系实际是科研的真正意义所在，将所学知识转换为社会的生产力，是他一生追求的崇高理想。

陈勇负责多项国家级及省级科研项目，带领团队在物流工程、工业工程等领域开展深入研究。在他看来，科研的价值不仅在于创新与探索，更在于取得的成果能够加速转化应用，从而为经济社会发展赋能增效。

陈勇用他平凡而又伟大的实践，谱写了教育奉献和科研创新的精彩华章。他的每一位学生、每一项研究、每一个感人的故事，在他的从业生涯中汇聚成了一股波澜壮阔的力量。他所作出的每一份贡献，都是新时代教育者踏出的坚实脚印，激励着更多的教育工作者和莘莘学子在知识的海洋中乘风破浪、扬帆起航。

🟡 导师寄语

为师之教，不争轻重贫富；为师之务，在于胜理行义；师生之间，相感以知，亦师亦友，益友益师。求师法自然，上不以私道压人之雅，下不以崇德驱人之力。吾之设计，以培植人才，期臻远大，亦为诸生谋食计。当知与处，其身多师所未备之良质和妙思，吾亦获益良多。深以为幸，吾之弟子皆良，常念予思予，有生如此，夫复何求！

　　回想在浙工大的日子，勇哥不仅是我的学术导师，更是我生活中的良师益友。他严谨的科研态度让我深受启发；他温暖的关怀让我在困境中找到了方向。他总是耐心指导，让我在专业领域里不断成长。勇哥恩深，如灯照途，智启心扉，情暖岁月；师友同辉，铭感五内，谢字难尽，情深谊长。

——2005 级硕士研究生林飞龙

　　何德峰，浙江工业大学信息工程学院副院长，教授、博士生导师、国家重大人才计划青年英才，浙江省杰出青年科学基金获得者，浙江省高层次特殊人才支持计划青年拔尖人才。主持国家自然科学基金、国家重点研发计划子课题和国防科研项目7项，浙江省杰出青年基金等省部级科研项目9项。在国内外权威期刊发表论文70余篇，授权国家发明专利40余件。获中国自动化学会、中国轻工业联合会、中国发明协会科技成果奖一等奖3项，浙江省自然科学二等奖1项，浙江省科学技术进步奖二等奖1项，浙江省教学成果奖二等奖1项。

以赤诚之心育万千桃李，
献毕生精力铸栋梁砥柱

教书育人，诲人不倦

三尺讲台存日月，一支粉笔写春秋。何德峰始终将教学工作视为己任，一直承担本科专业基础课程"现代控制理论""自动控制原理"及研究生课程"预测控制""系统辨识"的教学。多年来，他坚守着课前细致备课、课中全情投入、课后及时总结的教学理念，为学校和学院的教学质量提升作出了重要贡献。

虽然已有多年的教学经验，何德峰仍会在每节课前细致备课，认真梳理课程的重点和难点，以确保课堂教学的高效性和针对性。在课堂上，他总是激情满满，采用深入浅出的方式为同学们讲解复杂的知识。他始终坚持，理论是学习的基础，而实践才是理论的真正应用。因此，他常常准备丰富的工程实例，将基础理论与实际应用相结合，帮助学生在理解知识的同时，了解基础理论在工程实践中的具体运用，从而培养学生们的应用能力和解决实际问题的思维方式。课程结束，他总是最后一个离开教室，为学生答疑解惑。他认真负责的态度，不仅赢得了学生的尊敬与喜爱，更潜移默化着学生的学习态度和方法，激励着他们在求知的道路上不断前行。

何德峰在给学生上课

才德兼备，严慈相济

才者，德之资也；德者，才之帅也。何德峰不仅在学术研究上有着深厚的造诣，发表了诸多高水平论文，推动了专业领域的发展，更以高尚的科研道德和严谨的科研态度赢得了业内同行的尊重。何德峰常常告诉学生："只有紧跟学术前沿，才能在研究中保持创新的活力。"他对科研一直保持着极高的热情，即使行政工作繁忙，他依然坚持通过各种渠道了解最新的科研进展，并每周和实验室的各位学生讨论课题进展。

在科研领域，他是一位严格的导师，以高度的责任感引领学生迈向更深远的学术道路。作为研究生导师，何德峰对学生进行个性化指导。他要求学生细致总结每周工作，鼓励他们提前规划下周的科研任务，并通过每月的组会分享科研进展，剖析存在问题，促进同研究方向学生间思想的碰撞。此外，何德峰不遗余力地为学生们营造最佳的科研环境，邀请国内外知名学者举办学术讲座，并积极推荐学生赴海外名校交流学习，拓宽他们的国际视野。

在生活中，何德峰更像是一位慈爱的长者，对学生的关怀可谓无微不至。他时常提醒学生远离不健康的生活习惯，如少吃外卖、少喝含糖饮料，鼓励大家多进行户外活动，注意安全。他还会组织团建，带领同学们走出校园，亲近自然，感受生活的美好。何德峰以严谨与关爱并重的方式构建了一个既充满挑战又满含温馨的学习环境，让每位学生在追求学术卓越的同时，也能感受到生活的温暖。

春晖四方，桃李天下

岁月悠悠，春去秋来，桃李不言，下自成蹊。十六载光阴里，何德峰带领一届届学生从基础研究的点滴积累，到今日成就繁花似锦，每一步都凝聚着辛勤与汗水。

何德峰常对实验室的学生说："我的使命，就是让你们在回望研究生岁月时，能够无悔于心，由衷地感受到自己的成长与收获。"正是这份深沉的责任感与对教育事业的无比热爱，让何德峰近年来引领本科生取得了辉煌的成绩：获得"挑战杯"全国大学生课外学术科技作品竞赛二等奖 1 次、浙江省一等奖 2 次；5 组项目入选全国大学生创新性实验计划，6 组项目入选浙江省新苗人才计划。此外，他指导的本科生中，超过 60% 被保研至上海交通大学、浙江大学、

何德峰（前排左五）与毕业生合影

同济大学等"双一流"高校，这一比例远超本专业平均读研水平。在研究生培养方面，何德峰指导的毕业生中1人论文获评省级优秀硕士学位论文，3名学生的论文获评校级优秀硕士学位论文，3名学生获国家奖学金，3名学生获省级优秀毕业生称号。他们的就业去向广泛，既有自主创业的成功典范，也有进入海康威视、中国电信、中国移动、大华股份、阿里巴巴、银行等大型企业的佼佼者，他们均展现出卓越的算法研发、软硬件开发以及独立设计技术方案的能力。

　　如今，何德峰的学生们在各行各业中熠熠生辉，他们不仅继承了他严谨的态度与高尚的品德，还将他传授的知识与精神真正地落实到了实践中，积极参与着各自领域的进步与发展。

导师寄语

科研当自立，希望每一位研究生能够坚定自己的理想信念，脚踏实地做研究、做科研，不辜负自己的青春和祖国的期望。

学生感言

何老师于我而言，既是授业恩师又是慈爱长辈，学术上会帮助我解决困难、开拓思路，生活中会为我的未来规划提供建议，排解压力。他时常告诫我们为人要端正、做事情要认真负责，做研究更不能急功近利，要沉下心来踏踏实实地走好每一步。他的这些教导时时刻刻影响着我，指引着我一步一步前行。今天我以何老师为傲，希望他日何老师能以我为傲。

——2021级博士研究生孙芷菲

张贵军

导师简介

张贵军，浙江工业大学信息工程学院教授、博士生导师，浙江省高等学校中青年学科带头人，浙江省生物信息学学会秘书长、理事，浙江省生物信息学学会人工智能专委会主任。主持国家科技创新2030"新一代人工智能"重大项目课题1项、国家自然科学基金面上项目3项、国家重点研发项目子课题1项。在国内外权威期刊发表论文100多篇；授权国家发明专利80多项；获得软件著作权登记100多项；出版著作3部。

尽满腔之热血育桃李，
穷毕生之所学扶栋梁

师道使命，儒者担当

在教书育人方面，张贵军尽职尽责、辛勤付出，为学院教育和教学工作作出了巨大贡献。他曾负责研究生核心课程"最优化方法与应用"的教学，该课程 5 年来累计上课人数达 1000 人以上。

张贵军在给研究生上课

张贵军在授课时尤其注重板书，擅长用画图的方法将专业知识深入浅出地表达出来，在提升学生科研能力的同时充分激发学生的潜力和学术激情。他喜欢与同学们交流探讨，在课堂上会特地留出时间让学生讲解自己关于最优方法的理解，通过交流了解学生的想法，然后站在更高的层次去分析问题的来龙去脉。张贵军的课永远座无虚席，同学们都评价他的课是研究生阶段最值得上的课之一，张贵军也因此被评为"信息工程学院教学名师"。"我一直就是一名教师，喜欢和学生在一起，喜欢站在讲台上与学生一起讨论的感觉。"张贵军由衷地说道。

诲人不倦，良师益友

中国科学院分子细胞科学卓越创新中心博士后郝小虎回忆："我 2013 年考研进入浙工大，与张老师结缘，当张老师询问我希望从事理论研究还是工程项目时，我毫不犹豫地选择了跟着张老师做蛋白质结构预测的理论研究。那时候我们整个团队的理论研究基础还比较薄弱，张老师带着我们一起研读相关论文，循着领域前辈的工作，一步步展开深入探索。不到一年的时间，在张老师的指导下，我的第一篇研究论文在《计算机科学》期刊上发表了，我们也继续一步步向着更高级别的期刊发起冲刺。在研三阶段，我成功申请到继续跟张老师读博的资格。为了能让我们拓宽眼界、增长见识，张老师指导我申请了国家留学基金管理委员会（CSC）资助的出国留学一年的全额奖学金。如今回想起张老师在科研方面的指导、为人处世方面的教诲，满满都是感动，张老师就是名副其实的好导师！"

作为研究生导师，张贵军呕心沥血、尽心尽责，为学生开启了研究生涯的大门。他非常重视研究生的自学能力，对研究生总是高标准、严要求。他强调：

"研究生时期是对个人素质、能力水平、气质谈吐等各方面综合素养全面提高的重要阶段，应该打牢基础，拓宽知识面，提高研究和解决问题的能力。"

在硕士、博士的培养中，张贵军善于观察每个学生的优点，科研竞赛两手抓，实验室成果颇多。他总是将当下实验室做的工作与世界上最顶尖的方法作对比，再将其解析化简成为最基本的框架，并以此告诉学生科研其实一点都不难，先将基础打好，再努力往前走一小步，就可以取得非常好的成效。此外，他还经常邀请清华大学、浙江大学、上海交通大学、西湖大学等高校的学术大咖来实验室做汇报，帮助学生学会以跨学科的视角聚焦和解决学术难题。

薪火相传，桃李满园

千里之行始于足下，万丈高台起于累土。历经了 17 个春夏秋冬，寒来暑往，张贵军带领学生们从结构生物信息研究的基础做起，到今天硕果累累。张贵军常常讲到他的职责是培养出让自己骄傲的学生。近五年来，他为国内的生物信息领域尤其是蛋白质结构预测的发展培育出了一批品学兼优、专业知识过硬、可独当一面的优秀人才。张贵军指导的博士生周晓根和硕士生王小奇分别获评2019 年度浙江省优秀博士学位论文以及 2020 年度浙江省优秀硕士学位论文各 1篇；他培养的 3 名博士生、9 名硕士生获得国家奖学金，4 名博士生入选浙江工业大学优秀博士学位论文培育计划，5 名博士生获得国家留学基金委（CSC）联培计划资助。除了培养学生的专业水平和科研能力，他还注重提升学生的创新创业能力，指导学生参加了中国国际大学生创新大赛、"挑战杯"全国大学生课外学术科技作品竞赛，以第一指导教师身份指导研究生获得了中国国际大学生创新创业大赛银奖 1 项（浙江赛区亚军、金奖）、"挑战杯"全国大学生课外学术科技作品竞赛二等奖 1 项、第五届浙江省"互联网 +"大学生创新创业

张贵军在给研究生开组会

大赛金奖 1 项、ESRI 杯中国大学生 GIS 软件开发竞赛二等奖 1 项、浙江省生物信息学会"学会杯"冠军 1 项。除此之外，张贵军还指导研究生和本科生承担国家大学生创新性实验计划 1 项、浙江省教育厅一般科研项目 2 项、浙江工业大学"'浙报·阿里'极客计划" 1 项。

十年如一日地辛勤耕耘，张贵军培养出了周晓根（美国密西根大学博士后，现为浙江工业大学运河青年学者）、郝小虎（中国科学院上海研究所在研博士后）等一大批优秀硕士、博士毕业生，他们共同成就了一个"团结的集体，充满凝聚力的集体，奋发上进的集体"。他带领的智能系统优化与生物信息学实验室被评为浙江工业大学 2020 年度"最美研究生实验室"。

导师寄语

每一位学生都具备独特的优点和潜力，作为导师我见证了你们的成长和努力，希望你们能够积极、自信、勇敢、坚定、快乐地去探索未知，挑战自我，未来无限可能等待着你们。

学生感言

回望在浙江工业大学的研究生时光，最幸运的事莫过于遇到了张贵军老师。那时我刚进入课题组，对科研懵懂而稚嫩，是张老师引导我确立了以蛋白质结构预测为核心的研究方向。从最初的文献积累到算法模型的设计实现，张老师都给予了我极大的支持。张老师对我们每一个学生都倾注了心血，鼓励我们追求更高目标，也教会我们科研之外为人做事的道理。能在张老师的指导下完成硕士阶段的成长，为我后续继续深造、走上教研岗位，打下了坚实的基础。这段经历，是我至今最宝贵的财富之一。

——2019级博士研究生刘俊

欧林林

○ **导师简介**

　　欧林林，浙江工业大学信息工程学院教授、博士生导师，入选浙江省"新世纪151人才工程"第二层次培养名单，主持和参与国家自然科学基金面上项目1项、国家重点研发计划课题2项。在国内外权威期刊发表论文90多篇；授权国家发明专利70多项；出版著作1部。荣获中国机械工业科学技术奖，浙江省高校科研成果二等奖，上海市自然科学奖三等奖等；获浙江工业大学"我心目中的好导师"和"我最喜爱的老师"称号。

以知识之光照亮未来，
以学术之道培育英才

传道授业，育才为本

在教书育人方面，欧林林恪尽职守，辛勤付出。自 2006 年加入浙江工业大学以来，欧林林以卓越的科研能力和教学热情，指导了百余名研究生顺利完成学业，并荣获"我心目中的好导师""我最喜爱的老师"等多项荣誉，为学院

欧林林在给研究生上课

教育和教学工作作出了巨大贡献。她负责的本科生核心课程"单片机原理和实践"和研究生核心课程"线性系统"备受好评。

欧林林在课堂上总是娓娓道来，善于将课堂板书和课程 PPT 巧妙结合，深入浅出地为学生讲解专业知识，使学生在潜移默化中加深理解。此外，她十分注重教学过程中与学生的互动。她认为，知识的传递不仅仅是单向的灌输，更是双向的交流。因此，她的课堂上总是充满了互动与讨论。她鼓励学生们大胆发言，积极思考，让每位学生在思维碰撞中收获成长。因独特的教学风格和扎实的专业功底，她荣获信息学院"我最喜爱的老师"等荣誉。"我首先是一名教师，其次才是科研工作者，我希望通过课堂把知识尽可能地传授给学生，希望他们在我的课堂上有所收获、有所成长。"欧林林如是说。

春风化雨，诲人不倦

在研究生的学术探索之旅中，欧林林以满腔的热忱和不倦的奉献，引领学生们在科研的道路上砥砺前行。她深知，激发学生的科研热情和提升他们的研究能力是教育的重中之重。她经常与学生们进行深入谈话，了解他们的科研进展，并根据每个学生的独特性提供个性化的指导。"与以往的学习阶段不同，研究生阶段不仅要培养独立思考的能力，更要提升解决实际问题的能力。"她对学生严格要求，鼓励他们自主学习、打牢基础，同时积极引导他们拓宽学术视野，为他们在科研道路上稳步前行提供助力。

在培养硕士和博士研究生的过程中，欧林林总能敏锐地发现每个学生的潜力，并巧妙地引导他们将这些潜力转化为科研和实践中的成果。她擅长将复杂的科研问题拆解成易于理解的核心要素，帮助学生逐步揭开科研的神秘面纱。

除了学术指导，欧林林还致力于打造一个广阔的学术交流平台。她邀请国内外知名学者来到实验室，与学生们进行深入交流，拓宽他们的视野。此外，她还积极为学生们创造机会，推动他们走向更高层次的学术舞台，让他们在更广阔的天地中展现自我，不断成长。

厚德载物，桃李成荫

任何成就都离不开踏实的积累。历经 16 个春秋，欧林林带领学生们从传统的控制理论做起，直到今天取得硕果累累。

近五年来，欧林林为国内的人工智能、机器人控制领域培育出了一批品学兼优、专业知识过硬的优秀人才。她作为第一或第二导师，指导硕士生张强、唐权瑞分别获得 2019 年度浙江省专业学位研究生优秀实践成果和 2020 年度浙江省专业学位研究生优秀实践成果；她培养的 2 名博士生获得国家留学基金管理委员会（CSC）联培计划资助。除了培养学生的专业水平和科研能力，欧林林还注重提升学生的创新创业能力，指导学生参加全国大学生"机器人大赛"、"华为杯"中国研究生数学建模竞赛、中国研究生电子设计竞赛等学生竞赛，以第一指导教师身份指导研究生获得第二届全国仿真创新应用大赛——智能装备仿真赛道机器人系统仿真方向工业机器人组全国一等奖、"兆易创新杯"第十六届中国研究生电子设计竞赛华东赛区一等奖，"兆易创新杯"第十九届中国研究生电子设计竞赛全国总决赛一等奖等多项荣誉。

在教育的田野上，欧林林以十年如一日的坚持和耕耘，培育了一代又一代的硕博精英。这些学子们在各自的专业领域中不断突破自我，以坚实的学术基础和卓越的科研能力，一次又一次地攀登着科研的高峰。他们的每一次成功，都是对欧林林多年教研工作的最好回报，也是她教育生涯中最宝贵的财富。

欧林林在给研究生开组会

🔵 导师寄语

　　作为你们的导师，我见证了你们的坚持和努力，为你们的成长感到骄傲，愿你们在未来的道路上，勇于尝试、保持好奇、积极面对每一个挑战。人生的旅程充满无限可能，期待看到你们各自绽放光芒。

学生感言

　　在学习和科研过程中，始终离不开导师的指导和支持。每当我遇到研究上的挑战时，欧老师总是能够提供独到的见解和深入的指导，通过一次次的交流讨论，我逐渐突破障碍，拓展了研究视野。欧老师认真严谨的工作作风一直影响着我，她是我心目中的好导师。

——2024 级博士研究生李响

曹　　斌

 **导师简介**

　　曹斌，浙江工业大学计算机科学与技术学院（软件学院）副院长，教授、博士生导师、杭州市计算机学会秘书长，CCF 服务计算专委委员等。在国内外高等级期刊和会议上发表论文 80 余篇，授权专利 20 余项。曾获得欧洲学术研究联盟协同计算（EAI CollaborateCom）国际会议杰出贡献奖、中国数字服务大会最佳论文、中国计算机学会——腾讯犀牛鸟卓创奖等多个奖项。

深耕漫漫科研路，
厚植殷殷师生情

根植工大沃土，跨界学科融合

曹斌是一名"老工大人"。2004年，他怀揣着梦想踏入工大材料专业的大门，开启了他的科研生涯。回忆起本科时光，他感慨万千，"从大一的屏峰山麓到大二的古运河畔，每一处都留下了我们的足迹。晚自习后去后门吃夜宵，或是和室友躺在操场上，在车水马龙声中畅谈人生理想，这些场景历历在目。选择考研后，朝六晚九成为我的生活常态。尤其是冬天，我们很早就去排队，等候图书馆开门。那段时光里，大家奋起学习、互相鼓励，那些场景是我人生中无比珍贵的回忆"。

2008年本科毕业后，曹斌跨专业考入浙江大学计算机学院，开启了硕博连读的学术之旅；后又带着"于高山之巅，方见大河奔涌；于群峰之上，更觉长风浩荡"的崇高志向，远赴美国明尼苏达大学双城分校计算机系进行了一年的联合培养，毕业后又进入香港科技大学与华为诺亚方舟实验室从事博士后研究。不同的旅程让他看到了不同的风景，也更加坚定了他站在科研前列的决心。

2014年4月，怀揣着对未来的期许，曹斌再次踏入浙江工业大学的校门，成为计算机学院的一名教师。此时，昔日的化材学院已拆分为化工学院和材料学院，他感慨道："当年的同学如今已成同事，我们共同为浙江工业大学谋发展，谱新篇。"

一次偶然的机会，曹斌代表计算机学院参加学校妇联策划的有关 ChatGPT 与科研讲座，遇到了曾经的材料学院副院长——胡晓君。"胡老师当年教过我们'材料科学基础'课，会后谈论到当年的同学时，胡老师竟也还记得，显得分外亲切。"从高分子材料跨专业到计算机，现在又作为计算机领域的研究人员给化工和材料学科介绍计算机领域的专业知识，曹斌的跨学科经历在浙工大完成了闭环。这次讲座不仅促进了跨学科交流，更为后来他与大化类学科的精诚合作奠定了坚实的基础。

如今，曹斌的团队正与化工学院积极开展跨学科科研探讨，共同申报科研项目。他们秉持"大道众行远，携手启新程"的美好愿景，致力于推动学科交叉融合，为科技进步贡献力量。这是浙工大精神的生动体现，也是跨学科合作的典范。

探索学术前沿，引领学思交互

人工智能领域的大模型技术正席卷全球，曹斌凭借其敏锐的洞察力和前瞻性的视野，引领实验室紧跟这股时代浪潮，深入探索大模型的最新研究动向。

曹斌的研究并非局限于学术象牙塔，而是紧密贴合企业需求的。他与中国电科东方通信携手搭建了校企交流平台，共同研究智能语言大模型技术在金融智能客户服务场景中的应用，并成功发布了电科东信"百灵"智能语言大模型。为确保技术解决方案能够精准对接实际需求，曹斌与企业团队紧密协作，深入剖析业务需求。同时，他还积极引导学生持续优化大模型引擎，不断拓展应用场景，为行业提供更智能的数字化解决方案。

在引导学生方面，曹斌有自己独特的方法。他常以"Why？ So What？"为引导，促使学生深入思考研究成果的重要性，对现有知识体系的贡献以及能否切实解决实际问题等。在一次与企业的合作项目中，面对"如何利用大模型优化客服对话系统多轮交互"的难题，团队成员提出的多种方案都难以突破现有瓶颈。此时，曹斌再次追问："Why？ So What？"——"我们提出的这些方案，真的能带来实质性的改变吗？如果不能，那么我们需要重新思考问题的本质。"

在曹斌的引导下，团队成员开始重新审视问题的根源，并从实际应用场景出发，深入洞察用户的真实需求。经过激烈讨论和反复实验，他们最终提出了一种创新的解决方案，显著提升了服务效率。在此过程中，学生们也学会了不断追问自己"Why？ So What？"，这种思维习惯对他们的学术研究乃至日后的职业生涯都有所助益。

曹斌作为报告嘉宾参加服务科学国际会议

厚培算力天地，心系学生成才

走进曹斌的实验室，映入眼帘的是几排排列整齐并散发着微光的服务器，它们被称为这片科研天地中的"算力灯塔"，照亮着探索未知的征途。这些服务器是曹斌为了给学生们提供更好的实验环境，倾注了大量心血与资金引进的。他深知，卓越的科研成果往往诞生于优越的实验条件之下，而服务器作为人工智能研究领域不可或缺的工具，其重要性不言而喻。

"每个学生都应该享有充足的资源去完成自己的学术研究。"每当有学生提出新的研究想法，需要更高配置的计算资源来验证时，曹斌总是第一时间考虑如何满足这些需求。他始终将学生的需求置于首位，耐心倾听学生的心声和建议，不断优化实验条件，致力于为学生创造更加优越的科研环境。在他的悉心指导下，实验室展现出持续而强劲的科研产出能力，学生们不断在国际期刊和会议上发表高质量论文。这些成就的背后，凝聚着曹斌对科研环境的持续投入和对学生成长的深切关怀。

此外，曹斌还格外注重培养学生的国际视野和团队合作精神。他鼓励学生积极参与国际学术交流活动，以拓宽学术视野；他邀请国内外知名学者来校交流，以启迪学生的思维。他的一言一行生动诠释了"学高为师，身正为范"的深刻内涵，为学生们树立了榜样。

躬身教育实践，润泽师生情谊

与学生"并肩作战"是曹斌职业生涯最真实的写照。他日复一日地与学生一起在实验室工作、学习，耐心地为学生答疑解惑，细致地指引他们探索学术的航道。实验室里，时常能看到他默默批改学生论文的身影，他说："没有其他事情打扰，安静地看论文并与学生讨论细节是一件很幸福的事情。"

曹斌不仅在科研上严谨、专注，还非常重视团队成员间的情感沟通。他是学生的学术导师，也是篮球场上的"计A216球王"。他以独特的方式诠释着教育的另一种可能。作为学院篮球队的主力后卫，他在球场上与学生并肩作战，尽情挥洒汗水，这样的场景让人难以将其与平日里站在讲台上讲授高深学问的教授相联系。

此外，曹斌还积极策划和组织团建活动，为团队成员搭建沟通的桥梁，增强团队凝聚力，激发学生进行科研创新的灵感与合作火花。学生们纷纷表示，他们在汗水与欢笑中深刻体会到了团队的力量，感受到了学习与生活、教师与学生之间那份难能可贵的平衡与和谐。

曹斌（前排左三）与实验室硕博士毕业生合影

在曹斌的引领下，学生们不仅掌握了前沿的科研技能，更懂得如何在挑战中保持坚韧不拔的精神。他的每一次悉心指导，每一次并肩作战，都如同春雨般润物无声，滋养着学生们的心田，让他们在科研的征途中茁壮成长，绽放属于自己的光彩。

导师寄语

科研之路挑战重重，愿每位同学都能以满腔热忱点燃创新的火花，保持开放、乐观的心态，奋力谱写青春华章。

学生感言

曹斌老师就像是我们实验室的大家长，他每天最早到，最晚走。每每抬头，我总能看到曹斌老师的办公室还亮着灯，那种感觉特别温暖，好像有了坚持下去的力量。曹斌老师的勤奋不懈与专注投入，教会了我们一个朴素而深刻的道理：成功没有捷径可走，唯有脚踏实地，方能抵达梦想的彼岸。

——2022级硕士研究生姜钦凯

孙国道

孙国道，浙江工业大学计算机科学与技术学院（软件学院）学术副院长，教授、博士生导师。国家优秀青年科学基金获得者，浙江省杰出青年科学基金获得者，入选浙江省高校领军人才培养计划（青年优秀人才）。主要从事大数据挖掘、可视化和可视分析研究。作为项目技术骨干参与国家重点研发计划和国家自然科学基金重点项目。曾获2018年度浙江省科学技术进步奖一等奖。

师以匠心逐梦行，
学思践悟踏浪归

逐梦随风启，踏浪载誉归

2010 年，尚处于求学阶段的孙国道在导师梁荣华教授的建议下，参加了北京大学的可视化暑期学校，由此与可视化领域结下了不解之缘。在暑期学校中，他首次参加了可视分析挑战赛，并获得了特等奖，这成为他深入探索可视化领域的起点。

硕博连读期间，孙国道赴香港科技大学、微软亚洲研究院、德国斯图加特大学等高等学府和科研机构，展开了为期两年多的深入学习和学术交流。2014年，北京大学召开首届中国可视分析大会——中国可视分析大会（后更名为中国可视化与可视分析大会）。孙国道受邀在大会上作了"IEEE 可视化会议录用论文的提前预览"的报告，这一契机也令他结识了可视化领域的众多同仁，并许下与 ChinaVis 的十年之约。2015 年，孙国道前往德国斯图加特大学进行学术交流，在多元开放的学习环境中，他以全球化视野更加专注地投身于可视化领域的研究。回国后，孙国道博士毕业后继续留在浙江工业大学，从事科学研究和教学事业。

与可视化相伴的十四年间，孙国道从最初面对浩瀚数据海洋时的迷茫无措，逐步蜕变为能创造出一系列精妙绝伦的可视化作品；从对可视化技术的初步涉猎与研究，到成功将其应用于行业实践，实现了技术与应用的完美结合。他由

孙国道在中国可视化大会上做人工智能＋可视化分析报告分享

初出茅庐，面对科研挑战不知所措的"校园郎"成长为指导和带领学生展开科学研究的"引路人"。他在科研的征途中历经无数次的失败，却不曾放弃过，他以坚韧不拔的精神一路披荆斩棘。"凯歌而行，不以山海为远；乘势而上，不以日月为限"，求学和交流的丰富经历使孙国道拥有了站在科研浪潮前沿的敏锐洞察力和立足国际的广阔视野，这令其在科研之路上不囿于一地一域，不限于一时一事。

敏识前沿路，践悟科教法

孙国道在可视化领域研究成果斐然，已在相关期刊和会议上发表论文50余篇（以第一作者/通讯作者发表的有40余篇）。同时，他还担任了IEEE太平洋可视化研讨会、国际视觉信息交流与交互研讨会等国际学术会议的程序委员会委员，并受邀担任国内外多个著名期刊和会议的审稿人。从技术研究到实践应用，他始终致力于将最新的科学技术成果转化为现实生产力，以知识促进行动，以技术推动实践，以自身的创新能力和科研素养为学生指明前行的方向。

在学生的心目中，他是一位十足的"技术控"。"孙老师对计算机领域的新技术、新方法非常感兴趣，总是能敏锐地捕捉到行业发展的最新动态。比如ChatGPT问世之初，孙老师就意识到这是AI发展的新机遇，在科研中有很多可以挖掘的点。他让我们在后续的研究中全力投入到大模型的探索与实践中。"不仅如此，孙国道还将其巧妙地融入他所教授的"Java程序设计"课程中。他鼓励学生利用ChatGPT进行自我答疑和探索性学习，这一举措不仅极大地激发了学生对新技术的兴趣，还让他们在实践中亲身体验到新工具带来的力量。此外，孙国道还将学生与ChatGPT的对话记录作为作业的一部分，这一创新方式既真实地反映了学生在学习过程中的困惑，也有利于老师更深入地了解学生的思维方式和学习需求。

2024年，孙国道申报的"多模态数据智能可视分析"项目成功获得了国家优秀青年科学基金项目的资助，这是学院在该项目申报上首次取得突破。该项目聚焦于多模态数据的处理、表达和理解等基础理论方法的研究，以人机智能协同的数据表达和挖掘为整体思路，旨在解决数据要素、可视表达和认知效率间复杂映射关系的构建这一核心科学问题。孙国道作为新时代科技工作者的一分子，始终奋战在科研的最前沿，肩负起了时代的重任。他常说："进无止境，学思践悟。"这句话不仅是他的座右铭，也是他对科研事业无尽追求的真实写照。

以教启志趣，以泽育英才

作为学院里的"人气导师"，孙国道的教学风格独树一帜。他坚信，在计算机科学领域，动手编码是通往成功的必经之路。因此，他鼓励学生们像学游泳一样，通过亲身实践来掌握技能。他倡导一种勇于试错的学习氛围，认为每一个错误都是通往成功的阶梯。

面对"如何激发学生的学习兴趣"这一教学挑战，他深知，兴趣是激发潜能、成就非凡的关键。因此，他不仅将实际项目和竞赛融入日常教学之中，还密切关注学生的反馈，灵活调整教学策略，以不断提升教学成效。他在课堂上并非单向灌输知识，而是通过互动和实践，让学生在真实的应用场景中体验学习的乐趣和价值。在"数据可视化"这门课程中，孙国道不仅教授知识，更以丰富的科研案例为引，点燃学生对数据分析及可视化的热情，他还积极引导学生参加中国可视化大会等竞赛，让他们在实战中领略数据分析的魅力，培养他们对数据分析的兴趣。令他惊喜的是，许多学生在课程结束后对这一研究方向产生了浓厚的兴趣，并在保研、考研阶段毅然选择攻读这一研究方向。部分学生在他的悉心指导与建议下，成功获得了海外名校的录取通知书，踏上了更为广阔的学术征程。更有学生放弃推免到其他高校的机会，选择留校继续深造，专注于数据可视化领域的研究。

"桃李不言，下自成蹊"，在孙国道的教学生涯中，这样的故事不胜枚举。他以匠心独运的教学方式引领无数学子在学术与职业道路上勇往直前。他的教学方式不仅加深了师生间的深厚情谊，也是对他教育理念的生动注脚。他指导的学生不仅在学术上取得了一系列荣誉，如研究生国家奖学金、学科竞赛全国一等奖等，而且在职业生涯上也表现出色，一众研究生和本科生成功踏入国内知名企业的大门，如阿里巴巴、字节跳动、海康威视、华为、蚂蚁金服等。孙国道不仅在指导学生方面有着不凡的成就，还积极投身于教学改革与创新的实

孙国道（右二）与实验室研究生通宵投稿后合影

践中。他主持了多项校级教学改革项目和教育部产学合作协同育人项目。

　　孙国道以其深厚的学术底蕴、前瞻的科研视野、独特的教学风格，以及在可视化领域的卓越贡献，成了无数学子心中的灯塔。他不仅是一位杰出的科研者，更是一位充满情怀的教育者；他用自己的智慧和汗水，浇灌出一片片知识的绿洲，让学生在其中茁壮成长。

导师寄语

科研很苦,但成功很酷,希望同学们深挖"1010"蕴含的宝藏,去探寻编程妙方,破解算法迷障,掌握 AI 力量。

学生感言

孙国道老师对新技术和新方法有着执着的追求与敏锐的洞察力。在第一节 JAVA 课上,他生动地阐述了近百年来计算机技术的革新是如何掀起一波又一波的科技浪潮的,并激励我们把握这些机遇,投身于前沿且充满趣味的研究。在日常讨论中,他经常鼓励我们深入探究算法和技术细节,要求我们追根溯源,深度理解算法的参数和公式,并将这些知识与自身研究相结合,根据科研实际需求提出自己的思考,以产出既扎实又富有创新性的研究成果。

——2021 级博士研究生汤井威

导师简介

　　高飞，浙江工业大学计算机科学与技术学院（软件学院）党委委员、工会主席，教授、博士生导师，入选浙江省"新世纪151人才工程"第三层次培养名单。图形图像研究所所长。浙江省高校中青年学科带头人。在国内外知名期刊发表论文100余篇，申请发明专利150余件，主持与参加国家重点研发计划等纵横向项目50余项。曾获浙江省科学技术进步三等奖3项等多个奖项及荣誉。

提灯引路终无悔，
只为桃李竞相开

"抓住每分每秒搞科研和教学，习惯了也就不觉得辛苦。"

在教学的殿堂里，高飞如同一位不知疲倦的引路人，倾心投入于"Java 程序设计""汇编语言程序设计""数字图像处理"等本科核心课程的讲授。他巧妙地将深奥的概念分解为易于理解的层次，运用生动的实例和形象的比喻，使那些晦涩的知识焕发出光彩。在课堂上，他营造出浓厚的互动氛围，给予学生充分思考与表达的空间，鼓励他们提出问题，培养学生独立思考与主动学习的精神。

因为高飞深厚的人格魅力，他成了学生心中无可替代的良师益友。正因如此，他也曾荣获浙江工业大学"我最喜爱的老师"德才兼备奖。在学术领域，他还精心撰写了《Java 程序设计实用教程》《Java 程序设计实用教程习题集》和《数字图像处理系列教程——基础知识篇》等系列教材，并获浙江省计算机学会、浙江省计算机行业协会优秀成果奖。

高飞以实际行动诠释着"教学与科研并重"的理念，他利用闲暇时间潜心科研，时刻关注行业的前沿动态。对他而言，严于律己、以身作则并非空谈，而是教书育人的坚定信念。每天"朝七晚九"已成为他的生活常态，他早已习惯这样忙碌的生活。

这种对科研的执着，使他在学术的海洋中收获颇丰。高飞主持了多项重要课题，包括国家重点研发计划项目子课题，之江实验室开放课题，国家自然科学基金项目，浙江省自然科学基金项目，浙江省重点研发计划项目，浙江省科技计划一般项目，浙江大学 CAD&CG 国家重点实验室开放课题，杭州市科技局产学研合作专项、重大横向、纵横向项目 50 余项。他和学生们在国内外知名期刊及重要学术会议上发表论文 100 余篇，其中半数被 SCI、EI 或 ISTP 收录。此外，他还申请了 150 余项发明专利，3 项成果获得浙江省科学技术进步三等奖，2 项成果获国家级行业协会一等奖，多项成果获浙江省首届优秀发明成果奖，浙江省首届优秀发明人才奖，浙江省计算机学会、浙江省计算机行业协会优秀成果奖等。

"科研路上会遇到许多的困难，但每一次解决都是锻炼和成长。"

高飞的努力与成就不仅体现在科研成果上，更在于他对教育事业的热爱与执着，他用行动诠释了教师的责任，激励每一位学生在追求知识与创新的道路上不断前行。

2004 年，高飞正式入职浙江工业大学，成为一名光荣的人民教师。为了更好地提升自我科研水平，高飞于 2007 年作为访问学者前往美国宾夕法尼亚州立大学深造，并于 2008 年回到浙江工业大学继续教学与研究工作。转眼二十载，虽已步入中年，但他的热情与信念丝毫未减，依然坚守在教学第一线，用实际行动践行着"教书育人，不忘初心"的信念。

高飞经常对学生们说："你在探索制作咖啡的路上，最终制作出了一杯红酒，这也是一种创新。"这一比喻生动形象地告诉学生们，科研不仅是为了解决一个具体问题，更是一个发现新事物、创造新思路的过程。除此之外，他还和学生密切地保持着学术上的交流和生活上的沟通，创造了实验室学术氛围的良性循环，以便掌握他们的学习和生活动向并能快速地进行反馈。遇到紧急的科研任务，他和学生们齐头并进，时常鼓励大家以开阔的思维去思考科研中遇到的难题，不气馁、不焦躁、劳逸结合。

"我觉得学到最多的就是认真、负责和严谨，这是他身上最大的一个亮点。"2020级硕士研究生陈修齐如此评价。在他的实验室里，每位学生都能感受到他言传身教的力量，而他的严格要求，也成了学生们前行道路上的坚实指引。他常常对学生说："科研路上会遇到许多的困难，但每一次解决对你们而言都是锻炼和成长。"

高飞至今已指导了9名博士研究生（其中5人已顺利毕业）及76名硕士研究生（57人已毕业）。他的学生中超过20人次获得了国家奖学金，90%以上

高飞（左二）指导研究生写开题报告

的学生连续两年荣获校硕士一等学业奖学金。这些学生毕业后，有的加入了华为、网易、阿里巴巴等知名科技企业，为国家的信息技术进步贡献力量；有的则进入高校成为人民教师，传承高飞教授严谨的治学态度，继续从事科研与教学工作；还有些学生选择进入机关事业单位，在不同的岗位上发光发热。

"把学生当成自己的孩子，不论是学业还是生活都陪着他们成长。"

"我认为责任心是第一的，对于我们导师来说，不管是学业上、生活上，还是其他方方面面，都陪着他们一起成长，把他们的综合能力提上去。他们就像我的孩子一样，有的时候会有恨铁不成钢的感觉，总希望他们在各个方面都能得到成长。"高飞在《师道》宣传片中如此说道。

作为一位资深科研工作者和教育者，高飞始终秉持严格要求和深切关怀相结合的育人理念。党的二十大报告和二十届三中全会中提出，要全面落实新时代党的教育方针，培养堪当大任的时代新人。在他的身上，这些精神得到了深刻的体现。他不仅注重培养学生的科研能力，更关注学生的品德修养和身心健康。他常对学生们说："科研的路不仅仅是为了个人的荣誉和成就，更要以服务国家、服务社会为己任。"这种对学生理想信念的引导，激励着无数青年学子在科研道路上坚守初心、砥砺前行。

有一次，他得知实验室里的一位同学突发急病需要手术，第一时间赶往医院探望。病床前，他拍了拍这位同学的肩膀，轻声安慰道："身体才是革命的本钱，科研可以暂时放下，你的健康才是最重要的。"这一幕深深打动了在场的学生们，也让他们看到了高飞教授严谨背后的温暖。

2014年9月，习近平总书记在北京师范大学考察时曾提出，新时代的教师要做"四有"好老师，即有理想信念、有道德情操、有扎实学识、有仁爱之心。

浙江经济生活频道关于交通视频结构化云平台建设采访高飞

高飞教书育人 20 年，勤耕不辍地践行着这一点。他时常提醒学生，科研不仅仅是专业知识的积累，更是一种责任感和使命感的体现。正是在他的引导下，学生们不仅在科研能力上获得了极大的提升，在思想品德上也有了更深刻的认识。

 **导师寄语**

"师者，所以传道授业解惑也。"作为导师，我倡导学生终身学习，勇敢面对生活挑战，去追寻梦想与远方。

在学术领域中，我的导师以其广博的知识和深刻的洞察力为我树立了榜样。他严谨的治学态度和敏锐的学术思维对我产生了深远的影响。而在日常生活中，导师那豁达的性格和平易近人的品质同样令人敬佩，他对学生的关怀更是让人难以忘怀。

——2022 级博士研究生汪敏倩

周欣竹

○ 导师简介

　　周欣竹，浙江工业大学土木工程学院教授、博士生导师，主持和参加 10 项国家基金项目、12 项省部级项目。出版专著 1 部、教材 2 部，已授权国家专利 58 件；在国内外刊物发表学术论文 120 余篇；"混凝土性能的水作用机理与控制方法"获教育部自然科学奖一等奖，"结构力学求解器"获教育部教学成果二等奖。2019 年荣获浙江工业大学第十三届研究生"我心目中的好导师"。

如母如友，
德馨永流芳

言传身教

　　周欣竹所授本科课程有"理论力学""材料力学"和"结构力学"，她曾获浙江工业大学"本科生优秀导师""优秀荣誉生导师""校级优秀班主任""学院教学先进个人"等荣誉称号。

　　善之本在教，教之本在师。教师工作是个"良心活"，为保障每一次授课的质量，帮助同学们更好地理解课堂内容，周欣竹虽然对上课的内容早已烂熟于心，但每次课前都会认真备课、写教案，课堂上摒弃不利于师生互动的多媒体，坚持继续采用板书，认真推导公式，仔细讲解代表性习题。每当课堂上讲到难点时，她都会以一种循序渐进、深入浅出的方式讲解。她常说："'授人以鱼，不如授人以渔'，作为教师，在解答问题的同时要激起学生的学习兴趣，培养学生的独立思考能力。"课后她常常会跟学生进行课程方面的交流，及时了解学生的疑惑，听取学生的建议，不断完善自己的授课内容。

　　学习永无止境。周欣竹常常说："作为一名老师要修炼好自己的内功，查资料、看文献，及时掌握本学科的国内外最新发展动态，给学生们带去一些课本以外的知识。"在讲解复杂结构内力计算时，除了课本上力的平衡法外，她还适当介绍课本外的虚功原理、传递矩阵法等，引导学生掌握这些高等方法，并应用于实际工程。"理论是实践的基础。没有知识的储备，学生遇到问题怎么

周欣竹在给研究生上课

思考，怎么解决？哪里还谈得上创新呢？"在周欣竹的指导下，学生不仅能把知识学好，还能举一反三，提出自己的见解，写出优秀的论文并将其发表。

　　周欣竹总是和蔼可亲的，她的脸上常常挂着微笑，但其实她是一个严于律己、踏实刻苦的学者。她的勤奋也深深影响着她的学生们，毕业留校做辅导员的陈钧回忆道："在我印象中，周欣竹老师是一个不折不扣的'工作狂'，在夜晚漆黑的校园中，她办公室总是灯火通明。她对学术的执着让我深受触动，我因此对学术产生了浓厚的兴趣。在周老师的熏陶下，我在求学路上也多了一份这样的执着，探索着属于自己的热爱。"

指路明灯

　　周欣竹的研究生都亲切地称呼她为"周妈妈"。在研究生的培养工作中，周欣竹始终坚持以学生为中心的教学理念，注重培养学生的创新思维和实践能力，以身作则地引导学生形成敦实鼎新的求学态度。她认真负责，耐心细致，积极指导研究生的科研工作，在学生实验过程中给予他们详细的指导和帮助。周欣竹还会指出学生论文中存在的问题和不足，帮助学生整理论文思路，提高其论文的逻辑性和条理性。此外，她还会定期开组会与学生交流和讨论，耐心地倾听学生的想法和问题，并给予建设性的意见和建议。她常常鼓励学生们参加各种实践活动，如社会调查、志愿服务等，让他们在实践中锻炼自己的能力和素质。同时，周欣竹还积极帮助学生了解行业动态和职业发展前景，为他们提供职业规划和就业指导。正是因为她在科研上、生活上、就业上为学生们指明了方向，才让这些在外求学的学子们感受到了家的温暖。

　　周欣竹始终致力于将科学研究与人才培养互鉴共融，践行一名优秀研究生导师的使命和担当，承担多项国家自然科学基金面上项目和横向应用课题。她以科研项目为依托，带领学生面向国家需求潜心研究、孜孜求索，以福清核电站、秦山核电站和石岛湾核电站为依托，与中冶建筑研究总院的同行共同研究核电站混凝土结构的耐久性和延寿性，如混凝土氯离子含量超标、混凝土中钢筋锈蚀临界氯离子浓度、硼酸环境下混凝土结构评价等，用实际行动诠释了一位优秀教育工作者的责任和担当。在周欣竹的指导下，众多学生取得了卓越成绩：完成了氯离子浓度测试传感器系统的设计；在实验室进行了传感器有效性和精度测试；在核电站混凝土安全壳进行了现场测试。

关怀备至

周欣竹说，作为一名老师，要让学生感觉到你不只是把他们当成学生，而是把他们当成自己的孩子。除了学习，也要时时刻刻关心他们的生活和成长，与他们谈心，了解他们的想法和困难，在生活方面尽力帮助他们，让他们感受到温暖和爱，促进他们健康成长，帮助他们爱上这个专业，爱上自主学习。

周欣竹总是想把最好的都留给自己的学生，在生活方面她对学生的关心无微不至，"在炎热的夏天，每当我们在闷热的实验室里搅拌混凝土时，周老师都会送一桶冰水供我们解暑，在寒冷的冬天，周老师则会煲一碗热腾腾的汤让我们暖暖身子"。

周欣竹（中）和毕业生的合影

已毕业的博士研究生韩振宇说："一朝沐杏雨，一生念师恩。周老师是我的博导，从我来到浙工大读书开始，她无微不至的帮助使我顺利地度过了忐忑的新手期。其间改换研究方向，周老师也是时时关注，不厌其烦地指导我重新设计实验方案，亲自带我上手实验。她就像一位春风化雨的长辈，悄无声息地浸润了我的求学生涯。在我心中她永远是一位干劲满满的老师，她对于学术的追求，对于细节的严谨，对于学生的关爱等，这些珍贵的品质和求知的态度足够我学习一生。"

导师寄语

努力，努力，再努力！努力不一定成功，但放弃，必定失败。

学生寄语

对学生而言，导师不仅是知识的传授者，也是引路人和榜样。在科研中遇到阶段性瓶颈时，周老师总是以慈爱和耐心指导学生，给予鼓励和支持，激发学生的潜力和热情，帮助学生不断克服困难，成就自我。周老师以身作则，用实际行动影响学生，她的教诲和关怀将使学生终身受益，照亮学生的人生道路并指引他们不断前行。

——2022级博士研究生叶文玮

许四法

○─ **导师简介**

　　许四法，浙江工业大学土木工程学院教授、硕士生导师，曾作为主要人员承担教育部、浙江省自然科学基金和浙江省科技厅等科研项目多项，在国内外相关期刊上公开发表论文 50 多篇，获省部级科学技术奖一等奖 1 项、二等奖 1 项、三等奖 2 项。获得地方高校土木类专业工程能力"浸润式"培养探索与实践特等奖 1 项、一等奖 1 项、二等奖 1 项，"土力学与土质学"课程获浙江省高校首届"互联网⁺教学"优秀案例。2022 年获浙江工业大学第三届教书育人卓越贡献奖，2019年获第十届研究生"我心目中的好导师"称号。

敲敲许老师的门，
有糖吃！

他的课堂，人人不能落后

许四法身为教授却令人没有距离感，与所有师生都能打成一片，他会因为学生爱打篮球而叫学生"中锋"，也会调侃比他年纪小很多的辅导员一声"强哥"，平日里根本看不出来他身上有"大教授"的架子，于是大家也亲切地称呼他为"法哥"。

许四法是"明星"人物，他的课堂自然也人气极高，他总是将复杂的知识用幽默浅显的话语娓娓道来，将个人的科研成果放在课堂一线讲授，一句"干货满满"来形容他的研究生课堂，最合适不过。

许四法一直在钻研如何做好老师的角色，如何在学习上给予研究生最大的帮助。许四法喜欢与学生聊天，清楚地知道"好学生"和"差学生"不同在哪里，前者是主动的、自觉的、有规划的，而后者往往更需要"推一推，催一催"，不管是哪个同学的询问，许四法从来不会视而不见，"不能见死不救"是他的教学风格。

许四法曾说："一时成绩差、基础差，不代表他的人不行，不代表走上工作岗位他不行。但如果我放弃他，学生之后的命运肯定会坏很多。"他的课堂始终释放一个信号——"人人不能落后"。

他的师门，声声欢笑不断

对于许四法的研究生们来说，踏入许老师的办公室，一定会先红红脸，但出门时又乐开了花。许四法喜欢在玩笑中指出学生的问题，先"臭"学生几句，再站在学生的角度考虑问题，切中要害地告诉学生应该怎么做，临出门时，又肯定会给予真心的鼓励，让学生变得快乐。"先"臭一臭"，再给颗糖"的套路让大家无限沉迷，难怪办公室门口的小白板上写着同学们热情的留言——"我爱法哥"！

许四法的办公桌上总是堆着小山般的论文，上面有密密麻麻的红色字体和圈画痕迹。大家或许不解，许四法总是笑着解释道："我是老古董了，喜欢用

许四法在指导学生

纸质版给学生改。"2020年疫情期间，学生们回不来，许四法就把改好的论文用快递一个个地寄过去。有些不是他的学生也找他，他也会认真地一字一句修改、提建议。"他们来找我是信任我，我当然不能辜负他们的这份信任。"

在科研学习之外，许四法每年都会组织学生毅行，每次毅行结束，他常常好几天都走不动路，连上一步台阶都很煎熬，但他乐此不疲。"家里人都说我，这么大年纪了，还跟小年轻一样爬山，为的是什么啊？其实我为的是给学生树立一个正确的目标，给予他们克服困难的勇气。我就想告诉学生，我这把年纪都能走完，你们二十多岁的小年轻难道还坚持不下去？"他更想让学生知道，学习和人生就像登山一样，总会有起伏，累的时候坚持一下越过山头，就有可能看到另一番风景。难怪大家总说，法哥不仅是"学术导师"，还是"人生导师"。

他的"糖果"，代代相传

为什么许四法对学生这么好？用他的研究生黄致远的话来说："我从未见过有人对学生这么好！"许四法却觉得黄致远在"大惊小怪"，他告诉同学们，这都是老师应该做的，因为他留学日本国立宇都宫大学期间的博士生导师就是这么做的，"钱他付，住他家，每年他都叫我去他那里，我的老师就是这么对我的"。

许四法的日本博导也时常来中国，每次都拎着两个大箱子，见面就会对弟子说："你看我这把老骨头，还每次叫我拿这么重的资料，你好意思吗？"许四法告诉我们，这些箱子里面都是他实验需要的重要资料，博导知道弟子用这些资料更顺手，所以千里迢迢随身带来。

多么相似的师生相处模式啊！原来"对学生好"的原因没有那么复杂，导师以真心待他，许四法也愿意如父亲一般，再为自己的学生撑一把伞。

"法哥，这道题这样解 OK 吗？""法哥我失恋了！""法哥我找到工作了！"……不论是生活、学习还是工作，小到日常生活，大到人生规划，学生们总喜欢找许四法唠嗑，无论从他那里得到几句骂，还是听到几句夸，出办公室时大家都像吃到了糖一样开心。

许四法有个毕业生留校做了辅导员，路过这位年轻辅导员的办公室，也能看到他面对学生的样子，无论是尽心尽力的教导，还是幽默风趣的夸奖，活脱脱又一个许四法，看来这颗"糖果"，还在一代代往下传呢！

已毕业的研究生卞蒙丹说："研究生阶段最大的幸运，便是成为法哥的学生，他风趣幽默、智慧聪颖、循循善诱、兢兢业业。在他心中，我们是他的学生更是他的孩子，他关注我们的学习也关注我们的生活。他会为学生的婚礼认真地书写文采斐然的证婚词，他会亲自带领我们去现场选实验要用的材料，他会手把手教我们写论文、做实验……先学生之忧而忧，后学生之乐而乐。'不懂再来找我讨论，要抓紧'是法哥的口头禅，他始终鞭策我们学习，让我们的研究生涯充满激情和活力。"

许四法（左五）与毕业生的合照

🟡 导师寄语

　　每次站在讲台上，总想让课堂活起来，用激情点燃学生的热情，用经验教会学生思考。我喜欢学生的朝气和活力，也喜欢与学生探讨和交流，在交流过程中同学们得到了提升，而我，享受着这个过程。这份天职让我有荣誉感和使命感。

🟡 学生寄语

　　许老师是我学术道路上的灯塔，他严谨的科研态度和广博的知识储备让我深感敬佩，他的睿智和指导让我受益匪浅。许老师不仅在学术上给予我深入的指导和启发，还关心我的个人发展和成长。许老师的悉心教诲让我养成了勤奋、细致和专注的品质。在我即将迈入新的人生阶段时，我衷心感谢导师对我的关心和教导，他的影响将伴随我一生。

——2022级硕士研究生张勇

朱 涛

  **导师简介**

朱涛，浙江工业大学物理学院教授、博士生导师，中国物理学会引力与相对论天体物理分会理事，浙江省自然科学基金杰出青年基金获得者。在国际著名的物理学期刊上发表研究论文 100 多篇。关于黑洞信息丢失问题的论文获 2013 年度国际 FQXi 论文比赛四等奖；关于无投影广义协变 Horava-Lifshitz 引力理论的工作获 2013 年度中国引力与相对论天体物理学会青年学者优秀论文一等奖。

走在前沿，
引导学生探索浩瀚宇宙奥秘

教书育人，学者风范

朱涛始终为人师表、尽心尽力，他和团队成员自主开设的一门本科生通识选修课"天文学概论"，成为目前浙江工业大学最受学生欢迎的通识选修课之一，平均每年选课人数多达 900 人。

在授课过程中，朱涛因其独特的教学风格和深厚的专业知识成了学生心目中的明星教师。他特别擅长运用图表这一直观的教学工具将那些抽象难懂的专业理论转化为清晰、生动的视觉信息。他会在课堂上专门安排时间让学生分享他们对数据分析方法的理解，通过这种互动更好地理解学生的思维，并从更高的视角剖析问题的根源。通过与学生的深入交流，他充分挖掘学生的潜力，激发他们的学术热情。同时，他也经常带着同学们运用学校的天文设备来观察星空，以此培养他们的科学素养和探索精神。他深知，理论知识的传授如果不与实际应用相结合，学生很难深刻领会其精髓。他经常结合最新的研究成果和实际案例进行教学，让学生在理解理论的同时，也能够看到这些知识在实际生活中的应用价值。

朱涛始终牢记并践行"科技创新、科学普及是实现创新发展的两翼"，他不仅在教学上有着卓越的表现，更在科学普及领域发挥着重要作用。2019 年，黑洞首张照片发布之际，他所在的团队联合浙江省科学技术协会共同举办了"向

朱涛受邀参加杭州师范大学物理学院格物系列讲座

太空去·黑洞捕捉科幻季"科普派对活动。这场活动通过腾讯网全程同步直播，最高峰时有46万多名网友同时在线观看，产生了巨大的科普效应。在工作之余，他多次组织校内外天文观测活动，积极向社会公众介绍天体物理与宇宙学方面的最新研究进展。他面向大中小学生不定期组织各种天体物理方面的科普活动和公益讲座，并积极引导学生关注引力波与宇宙学的前沿资讯。此外，他还多次接受主流媒体采访，向社会公众解读黑洞照片和诺贝尔物理学奖等天体物理领域的最新进展，为普及科学知识作出了显著贡献。

亦师亦友，研精覃思

朱涛将科研工作融入日常生活，即便是在节假日，他依旧保持着对科研的热忱和专注，全情投入于科研探索之中。在他的研究生组里，每周要进行两次组会，一次用来一起学习前沿的物理知识，一次是研究生进行报告，锻炼大家的科研能力。他经常邀请本领域知名专家来作报告，这使得研究生们有机会和专家进行交流并向他们学习。此外，他总会带着自己的研究生们去参加引力和宇宙学方面的大会，并鼓励他们积极在会上作报告。

在研究生眼里，朱涛不仅是一名导师，更像是一位知心朋友。学生们平时进行研究遇到问题时，他会主动来找学生进行讨论，安慰他们"这是科研道路

朱涛（右二）带领学生参加学术年会

上的常态，遇到问题是好事，只有遇到问题我们才能有新的发现，我们本就是奔着解决问题才去做科研的"。他关心学生的生活琐事，为学生提供全方位的支持，经常去学生的办公室了解他们的需求，为他们购置书籍，组织聚餐活动以增进团队成员间的感情，营造了一个既学术又温馨的氛围。

朱涛因其深厚的学术造诣、耐心细致的教学态度、无微不至的生活关怀以及对学生全面发展的关注，成了学生心目中的良师益友。他的教育方法不仅促进了学生的学术成长，更培养了他们的社会情感，使学生在科研的道路上更加坚定和自信。

传道授业，桃李芬芳

朱涛2010年从兰州大学毕业后加入了浙江工业大学，成为理学院（现物理学院）理论物理与宇宙学研究所的一员。为了了解宇宙学的发展，紧跟时代的脚步，2013年，朱涛在学校的支持下到美国贝勒大学CASPER研究中心进行访问，在那里做了五年的助理研究教授。访问期间，他探索出目前最精确的解析计算宇宙学原初扰动功率谱的"均匀渐近近似方法"，其计算相对误差小于0.15%。再次回到浙江工业大学后，他将充沛的精力投入到了科研中，并开始带研究生，有了自己的研究生队伍。目前，朱涛已经带出了7名研究生，在读研究生7名，其中2名毕业生的硕士学位论文被评为浙江省优秀硕士学位论文，2名毕业生被评为省级优秀研究生，3名研究生获国家奖学金。

朱涛总是尽力为学生们创造最佳的科研条件，提供资源、指导研究，带领他们参与各类学术会议，确保学生们能够在科研的道路上稳步前行。作为朱涛的学生无疑是幸运的，但这种高标准的学术追求也意味着他对学生的科研学习有着严格的要求。这不仅锻炼了学生的专业能力，也塑造了他们的学术品格。

朱涛的指导和期望虽然让他们的生活充满了紧张和忙碌，但正是这些经历，为他们打开了科研世界的大门，铺就了一条通往学术巅峰的道路。

导师寄语

宇宙学并不是大而空、高而上的学问，我希望有越来越多的青少年能通过科普了解宇宙、乐于探索宇宙。这是我作为高校教师"既要顶天、又要立地"的自觉。

学生感言

在我的学习过程中，朱老师展现出严谨的学术态度和随和的生活方式。他在研究中对细节的严格把控和对科学方法的重视，深深地影响了我的学术追求。同时，他在日常交流中非常亲切，常常以轻松的方式激励我，使得我们的互动既富有成效又充满乐趣。他的这种平衡让我在追求学术卓越的同时，也感受到了轻松和支持。

——2022级硕士研究生王强

导师简介

　　吴彬，浙江工业大学物理学院副教授、博士生导师。荣获"2022年浙江工业大学优秀教师"，入选浙江工业大学"十四五"高层次人才培育计划C类人才培育对象，获得浙江工业大学"数理学科青年英才支持计划（重点）"项目支持，主持国家重点研发计划课题等项目14项，发表论文60余篇，参与研制的冷原子重力仪荣获2021年浙江省技术发明奖一等奖。

燃一腔热情教书育人，
献满腹才情培育栋梁

传道授业，诲人不倦

在教育的广阔天地中，吴彬始终坚持"传道授业，诲人不倦"的理念，在教书育人的岗位上默默耕耘，以实际行动诠释了教师这一职业的崇高使命。他深知教育的意义，也坚信教育可以改变人生，主动带领学生们在知识的海洋中遨游，探索未知的世界。

在教学过程中，为了让学生们更好地理解那些抽象的概念，吴彬穿插生动的例子和幽默的故事，使复杂的理论知识变得鲜活且贴近现实。每当讲到复杂的公式时，他都会耐心地在黑板上一步步推导、演算，每一笔、每一划都透露出他严谨的逻辑和清晰的条理。吴彬还特别注重培养学生的思维能力与创新意识，巧妙运用启发式教学，鼓励大家积极参与讨论并提出问题而不仅仅是记住答案。在他的课堂上，老师的提问不会冷场，反而能引发热烈的讨论，学生们纷纷举手，激烈地交换着各自的观点。每当有同学回答得比较出色时，吴彬脸上总是挂着欣慰的笑容，不吝赞美，鼓励更多的人勇于发言。因此，在他的课堂上，学习不仅仅是一项任务，更是一种享受。他总是能够用他的智慧和热情，点燃学生们对知识的渴望，激发他们探索未知的热情。他的课堂，就像是一场场知识的盛宴，学生们在享受中学习，在思考中成长。

吴彬对学生的关怀，不仅仅体现在课堂上。在课下，他也经常与学生们进

吴彬在给研究生们上课

行交流，了解他们的生活和学习情况，给予他们必要的指导和帮助。他总是耐心倾听学生们的困惑，用他丰富的经验和智慧为他们指明方向。在吴彬的引导下，班级的学习气氛愈发积极向上，学生们也逐渐养成了独立思考和终身学习的习惯。他的热情与坚持，默默影响着每一位学生，激励他们不断追求卓越，成为更好的自己。吴彬的教学方法和理念得到了同行和学校的高度认可，荣获多个奖项。然而，对于吴彬来说，最大的荣誉莫过于看到学生们的成长和成功。正如学生们对他的评价，吴老师不仅是知识的传播者，更是学生心灵的引导者。

经师人师，良师益友

　　吴彬在教育领域的影响力远不止于课堂，他不仅长期奋斗在教育工作的第一线，还参与学院量子精密测量团队研究生队伍的培养工作。作为研究生导师，他尽力为学生营造一个好的学术氛围，在潜移默化中引导学生热爱科研事业、投身探索未知的道路；发掘学生潜力，注重培养学生的自学能力，提升学生动手解决问题的意识；以身作则，善待每一个学生，帮助学生走进丰富多彩的科研生活。在硕士、博士的培养方面，他以各类科研项目为切入点，以项目节点为抓手，围绕项目任务组建科研攻关团队，以小组制每周例会核实进度，以完成项目为目标，高效地促进他们提升科研能力，养成科学素质。当学生在实验

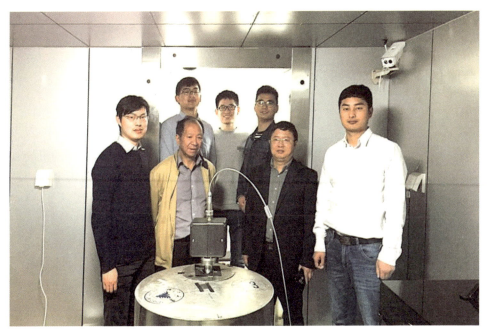

吴彬（右一）在武汉开展原子重力仪测试工作

中遇到瓶颈时，吴彬总是亲力亲为，从同学们的疑惑处入手，带领学生们查阅文献、分析问题，培养大家独立思考和勇于研究的能力。在指导学生进行相关仿真项目时，他总会详细讲解每一个步骤，帮助学生理解原子干涉的复杂机制，鼓励学生从实验中发掘关键点。

教育不仅仅是传授知识，更是塑造灵魂。科研不仅是数据的堆积，更是思考与创造的过程。他始终将学生的成长和发展放在首位，致力于培养具有创新精神和实践能力的高素质人才。他注重发掘每一位学生的潜力与特长，通过组合优化团队力量，形成科研兴趣小组和攻关小组。他通过组长负责制和自我考核制度激发团队活力，引导学生、小团队自发地从事科学研究工作，从而自我激励、相互影响、共同成长。吴彬认为，作为一名导师，更重要的是引导学生选择科研方向，走向正确的科学探究道路。在学生们的心中，吴彬不仅是他们的老师，更是他们的朋友。

春风化雨，桃李争妍

吴彬不仅关注学生的学术成就，更关心他们的个人成长和未来规划。为了培养学生的自信心和创新能力，他积极争取让学生参加各种学术会议的机会，例如第十届冷原子物理国际学术研讨会等，使学生有机会与其他研究者进行深入交流。

在培养学生的过程中，吴彬就像一阵清风，携带着新鲜的"花粉"，将他们送往更广阔的天地。任教至今，他指导研究生30余名，其中1名博士研究生荣获国家奖学金，1名博士研究生获得浙江省专业学位研究生优秀实践成果奖，他以第二导师指导的两名博士研究生曾获得前往法国巴黎天文台进行高水平研究交流的机会，这两名博士研究生现已留校任教。除了在学术领域成就卓著外，他还非常注重提升学生的创新创业能力。在他的悉心指导下，学生们在"中国青年创新创业大赛""博士后科创精英赛"等竞赛中屡获佳绩，包括第五届中国"互联网＋"大学生创新创业大赛银奖、第七届"创青春"中国青年创新创业大赛全国银奖、"大走廊杯"2024中国·杭州博士后科创精英赛优胜奖等荣誉。这些成绩不仅展示了学生们的创新精神和实践能力，也反映了吴彬在培养学生全面发展方面的努力和成就。此外，吴彬指导的两项研究入选浙江省大学生科技创新活动计划（新苗人才计划），进一步提升了学生的科研创新能力。

吴彬因其勤勉敬业的精神和对学生的深切关怀成为学生们心中敬仰的楷模。他的教学生涯，是对学生未来负责的生涯，是对学生心灵引导的生涯。在他的引领下，学生们不仅学到了知识，更学会了如何学习、如何思考、如何创新、如何成为一个对社会有用的人。在未来的日子里，吴彬将继续以他的智慧和热情，引领更多的学生走向成功，实现他们的梦想。

导师寄语

科学研究虽然充满了太多的困难和挑战，但新的发明和发现也让人激动、振奋。作为导师，我希望同学们永葆科研热情，不断砥砺前行，奋勇拼搏，勇攀科学高峰。

　　吴老师不仅在学术上给予我们无微不至的关怀，更在为人处世上以身作则。他的谦逊和执着深深感染了我们，激励着我们在科研的道路上勇往直前。能够成为吴老师的学生，我感到无比荣幸，未来我将努力不辜负他的期望，继续在科研的道路上奋勇前行。

——2024 级博士研究生鲍淑宁

任 博

　　任博，浙江工业大学数学科学学院教授、博士生导师，从事非线性可积系统理论研究。已在国内外高等级期刊上发表 100 余篇论文，论文总引用 1500 余次，其中 1 篇论文被国际知名科学 / 科技新闻杂志 *New Scientist*（《新科学家》）刊登报道，3 篇论文入选 ESI 高被引论文。2024 年入选全球前 2% 顶尖科学家榜单。

怀博学笃志科研心，
走任重道远育人路

在可积系统方向的同行口中，任博总被评价为"劳模"，这个称号的背后，是他日复一日的自律与坚持。而面对这一夸奖，任博总会笑谈起自己儿时的贪玩与读研时的"突然转性"。他回忆道："在攻读博士学位期间，面对跨专业的挑战，我除了吃饭和睡觉，其他的时间都投入到了专业书籍的阅读和研究之中，一开始觉得很痛苦，但当你持续做一段时间之后，发现这已经变成了一种习惯。"

如今，任博已经拥有了很多成就，可他依然没有放弃对自己的高要求。他总是提前一周就为自己的各项工作做好计划并严格执行，每次学生找他，总能看到他在电脑上翻阅着一篇篇文献。这么多年，他始终关注着自己研究领域的发展，对前沿技术永远保持着学习的态度，积极地参与各种学术会议，阅读最新的学术论文，与同行交流最新的研究成果。他始终相信，只有不断学习，才能不断进步。

孔子曰："其身正，不令而行，其身不正，虽令不从。"任博的自律与勤奋无疑为学生做了表率。这种以身作则的力量，不仅激发了学生们在学术研究中的潜能，更为他们的个人发展树立了标杆。在他的影响下，学生们学会了如何在繁忙的学术生活中找到平衡，如何在压力下保持冷静和专注。他们开始更加注重细节，更加尊重时间，更加珍视每一次学习和成长的机会。任博坚信："坚持是科研中不可缺少的部分，我先要自己做到，才能让我的学生做到。"

任博从 2021 年进入浙江工业大学以来，就开始了本科生"高等数学"和"线性代数"等基础课程的教学，累计上课人数已超 1500 人次。同时，任博还开设了研究生课程"数学前沿讲座"，课程内容涉及当前数学领域的最新研究进展、未解决问题和新兴领域。

任博的课堂从不会只有一成不变的 PPT，他将每一个步骤、每一个计算过程都清晰地展现出来，确保学生们能够紧跟他的思路，理解每一个细节。他鼓励学生们积极思考，勇于提问；而对待学生的提问，他总是认真倾听，从不敷衍了事。他常常对学生的提问给予高度评价，认为提问的过程不仅是学生们深入理解知识的重要途径，也是他自己进步的宝贵机会。他的这种教学态度让学生们感到自己的思考被重视，从而更加积极地参与到课堂讨论中来。

他坚持终身学习的良好习惯以及因材施教的原则，来到浙江工业大学的第二年，任博就获得了"2022 年度浙江工业大学校级优秀教师"称号，后又被评为 2023 年度学院优秀教师。

任博在给学生上课

任博认为，研究生教育的核心不在于知识的传授，而在于培养学生独立思考和解决问题的能力。这种教育理念让他在教育实践中形成了一套自己的方法论。任博不仅对自己所教授的学科有着精深的理解，还具备跨领域、跨学科的知识储备。在传授专业知识的同时，他能为学生提供更为广阔的视角，激发学生的求知欲与好奇心，引导学生进行更深层次的思考和探索。

在学生写论文以及其他学术问题上遇到困难或迷茫时，任博会认真倾听学生的想法和疑问，不厌其烦地解答，帮助学生找到问题的根源并鼓励学生勇敢面对挑战。此外，他还会关注学生的心理健康和情感状态，及时给予必要的安慰和鼓励，让学生感受到来自导师的温暖和关怀。每次组会讨论，他总是能从不同的角度审视学生的研究成果，提出独到的见解，他也鼓励学生保持创新精神，勇于突破常规思维。当学生遇到问题向任博请教时，他不会直接给学生答案，而是引导学生自己去思考问题的根源所在，让学生深刻体会到科研的乐趣性和成就感。

任博提到教师的作用时喜欢用"点燃"这个词来形容，他认为教师应当激发学生的兴趣，让他们对科研保持热情。他巧妙地结合了传统的"放养型"和"引导型"导师的特点，既鼓励学生们自主探索，放手让他们去尝试、去犯错、去总结，又在关键时刻提供必要的指导和帮助。在学生遇到困难有所停滞时，他总能第一时间出现，带领学生一起克服难题。他的一位学生回忆说："那时候我算题遇到了瓶颈，任老师经常把我叫到他办公室去。一个下午，他就对着我的电脑和我一起想办法，手把手地教我可以怎么做。"任博既是学生心中的榜样，又是学生生活中的益友；他既树立了崇高的职业信念，将教书育人当作自己的使命，又真切感受到每一位学生的困惑，善于倾听学生的意见，引领学生不断前行。

如今，任博所带领的第一届研究生中已有两名同学分别手握3篇科学引文索引，这无疑是对他教学水平的肯定。面对这一成果，任博更看重这背后学生各方面素质的提升。他说："写论文的过程其实就是一个解决问题的过程。"在他看来，发多少篇论文从来不是教育的重点，重要的是学生能在做科研的过程中训练自己解决问题的能力，这对他们的未来发展才更有好处。

任博不仅仅是学生学术上的良师，更是他们生活中的益友。他经常邀请师门内的学生一起聚餐，这些聚会不仅是师生之间交流学术的契机，更是他们分享生活点滴的平台。在餐桌上，他们畅谈最新的影视剧，讨论时下流行的文化现象，这些轻松的话题让师生之间的距离瞬间拉近。

任博坚持锻炼，常和学院的师生一起打羽毛球。学校球馆球场紧张，他就开车带着同学们去校外的球场。在球场上，他毫不吝啬地称赞学生打出的好球，也为自己打出的好球开怀大笑。他乐于分享，无论是自己旅行带回的特产，还是偶然发现的美味小吃，他都会买来分给学生们品尝。这让学生们感受到了家

任博（左一）和其他老师、学生一起讨论问题

的温暖和来自老师的关怀。他深知学术压力之大，总是关心学生们的心理状况，他坦言："我更希望学生身体和心理都健康，这是一切的基础。"他经常与学生进行一对一的交流，了解他们的困扰，提供建议和帮助。这种人文关怀让学生们在面对挑战时，总能感受到支持和鼓励。

🟡 导师寄语

希望同学们在生活中可以保持好奇心，求真务实，严谨开放，锤炼砥砺前行的品质，成就更好的自己。

🟡 学生感言

能在研究生阶段选到任博老师是幸运的，他实在是太符合良师益友这四个字了。他总是愿意鼓励我、夸奖我，我就在这一声声夸奖中"迷失"了自己，充满斗志地走在这条艰难的科研路上。学术上，他有很深的造诣，指导时非常耐心，经常亲自把运算过程演示给我们看。生活上，他对我们也很关心，会与我们分享美食，还和我们一起打球，非常平易近人。感谢任博老师对我的帮助，他的悉心指导和无私关怀让我在学术探索中备感温暖，充满力量。

——2023 级硕士研究生赵朝

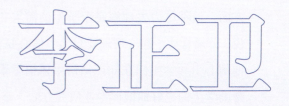

导师简介

　　李正卫，浙江工业大学管理学院党委书记兼副院长，教授、博士生导师。2022 年度获得浙江工业大学"我心目中的好导师"、2023 年度获得全省高校"最受师生喜爱的书记"等荣誉。主持国家社科基金重点课题、国家自然科学基金面上项目、教育部人文社科项目 30 余项；在国内外核心学术期刊公开发表论文 70 余篇，获得教育部高等学校科学研究优秀成果奖、浙江省哲学社会科学优秀成果奖、浙江省科学技术奖、浙江省教学成果奖等多项奖项。

孜孜不倦学者路，
谆谆教诲师者心

师者初心，做学生成长发展的"筑梦人"

李正卫始终秉持立德树人的初心，给予学生生活上的帮助、行为上的指引、思想上的启迪。在同学们心目中，李正卫不仅仅是学业上的导师，更是生活中的"大家长"。他关心每一位学生的成长和发展，在学术、生活和工作等各个方面，他都尽力去理解每个学生的需求和困惑，并给予他们指导和帮助。他常说："语言要干净、逻辑要自洽、信心要充足。"这一直激励、影响着学生们。他耐心引导学生们在知识钻研中体悟学术之美，在调研实践中感受社会发展，帮助学生们更好地把握专业研究方向，坚定了大家专业学习的信心。

学生每有不足，李正卫总以"世事洞明皆学问，人情练达即文章"来教导同学们，"面对困难时要会转换思维""处理事情要做到滴水不漏，完成认知上的闭环"是他的口头禅。细节之处，他也经常流露出对学生的关心，有时因在办公室讨论学术而错过食堂开放时间，他便自掏腰包请大家去吃饭。

李正卫注重言传身教，在生活习惯、学习作风、道德修养等方面都对自己有严格的要求。他倡导健康的生活方式，哪怕钻研学术已至深夜也不忘每日定量运动；他强调执行力的重要性，不论日常工作多么繁忙也会按计划进行……李正卫严格自律的作风不仅让学生们深感敬佩，更在不知不觉中影响了一大批人。

李正卫（右三）带领研究生参加数字创新管理学术年会

在导学团队活动中，李正卫与大家一起参与户外拓展训练。他不仅是一位指导者，更是一位陪伴者，与学生一起完成任务，共同解决问题。他总是以学生乐意接受的方式来教导他们，循循善诱，海人不倦，对学生要求严格却也耐心仔细。

师者匠心，做学生学术生涯的"开路者"

李正卫始终坚守着师者匠心，在课堂上对知识传授精益求精。李正卫主讲的"管理统计学"课程让很多同学都印象深刻，并收获满满。他不仅传授知识，更重视培养学生的创新能力和批判性思维。上过李正卫课的学生都评价李正卫老师讲知识讲得很透彻，这些都得益于他对自己的严格要求，他把每个知识所有相关的东西都要琢磨透，不允许有一丝模糊和揣测。

对于科学研究，李正卫有着极为严谨的治学态度，这体现在他对每个想法的"吹毛求疵"，对每篇文章的"雕章琢句"，对每个用词的"咬文嚼字"。面对学生的懈怠、不解，他总是目光笃定地说："论文必须先过我这关，只有我这关过得了，才有可能过审稿人的关，我必须对你们负责。"李正卫经常和同学们一起钻研、讨论、修改论文到深夜，有时他甚至直接在办公室过夜，第二天一早又开始了繁忙的工作。犹记得一次申报课题，李正卫与同学们探讨框架至凌晨一点，同学们都休息了他仍然在思考钻研。第二天，他竟拿出一张黑乎乎的餐巾纸欢快摇曳，兴奋地分享他半夜文思泉涌，枕边"纸上作画"的成果。

把学生目光之中的犹疑、忐忑变成信任和笃定，传道授业解惑中包含着多少的苦涩和艰辛。日常的例会研讨中，李正卫总是至少给十几位学生的论文提出批改建议。学术任务和行政事务都很繁重的他不知要腾出多少的时间来一一甄读学生们的论文并给出批改建议。如果说学术之路是孤独的探索，李正卫就似温暖春风吹拂着学生，激励学生于孤旅中收获姹紫嫣红。得益于他的"不近人情"，学生才能在"秋天来临时，感受到丰收的喜悦"；也正因他的这种"执着"才让学生在走出校园独立完成科研工作时拥有"独立飞翔的翅膀"。

在李正卫的指导下，团队学生先后在《南开管理评论》《科研管理》《科学学研究》等国内外知名期刊上发表了多篇论文；在中国国际大学生创新大赛中获得金奖和银奖等省级以上奖励10余项；另外，他本人也先后获得了国家级和省级的教学成果奖。教育是国家的未来，他用自己的行动诠释了教师的神圣使命。

师者仁心，做学生奉献社会的"引路人"

李正卫坚持潜心问道和关注社会相统一，引导学生积极进行社会实践、调研。在他心中，学术研究从来不是孤立于社会之外的象牙塔，而应始终与国家发展的实际需求紧密联系。

"通文理多面识，察政企天下事"是他对生活保持全面性好奇的真实写照。在教学生涯中，李正卫更是言传身教地向同学们展示着何为一名创新学者。书架上是五花八门的书籍，每个月都能听到他对学生说"这本书很有趣，买来你们也看看"；研讨会上是孜孜不倦地分析所读文献的新观点"你看这个和那个结合一下不就很有趣吗？"；微信群里是紧追潮流的每日推送，引领同学们关注并思考国家大事、社会实事、企业要事。

李正卫一直强调理论与实践结合的重要性，引导学生要"用脚步丈量社

李正卫主持浙江工业大学管理学院校友座谈会

会"，常常带领团队走访浙江各地企业，在调研中让学生切身感受到经济社会发展的蓬勃浪潮。他倡导学生要积极总结、反思实践所得，回顾、分享所见所闻，探讨学术研究与社会实践的价值与意义。通过调研探究和社会实践，他带领学生积极参与浙江省的科技政策制定，为政府部门提供决策建议，为企业提供管理咨询，推动科研成果的转化应用。他的工作不仅限于校园，更延伸到了社会的各个角落，先后承担了各类研究课题30余项。

作为管理学院党委书记，李正卫一直工作在学院事业发展的第一线，在他的推动下，管理学院立足浙江经济发展，持续深耕中小企业成长、住房与城市发展等领域研究，形成了特色鲜明的学科研究方向，为经济社会发展提供了强有力的智力支持。在他的带领下，浙江工业大学管理学院党委获评全省党建工作标杆院系培育创建单位。李正卫也获评全省高校"最受师生喜爱的书记"荣誉称号。

李正卫（左一）代表学院党委与企业签订党建联建共建三方协议

孜孜不倦学者路，谆谆教诲师者心。李正卫始终坚持做学生锤炼品格的引路人，做学生学习知识的引路人，做学生创新思维的引路人，做学生奉献祖国的引路人，他以师者初心、匠心、仁心，教育培养了一大批优秀研究生在社会各个领域发光发热，他也在 2022 年获评浙江工业大学研究生"我心目中的好导师"。

导师寄语

守正创新，做有意义的科研。

学生感言

感谢李老师在学业上给予我的精心指导。每当我在学术探索上遇到困难和挑战时，李老师总是耐心地为我解答疑惑，引导我深入思考。李老师教会了我如何进行科学研究的方法，如何撰写高质量的学术论文，以及用严谨的态度和钻研的精神对待学业探索，这些宝贵的经验至今都让我受益匪浅。李老师不仅关注我的学术成长，还关心我的个人发展，鼓励我探索自己的兴趣和潜力，为我提供了宝贵的建议和资源，帮助我找到了适合自己的职业道路。对我来说，李老师亦师亦友，是严师也是慈父，我也将继续努力，不辜负李老师的期望。

——2014 级硕士研究生盛雪

吴 宝

 **导师简介**

  吴宝，浙江工业大学管理学院执行院长，教授、博士生导师，教育部高校"双带头人"教师党支部书记工作室负责人等。在国内外重要期刊发表论文 40 余篇，出版专著 3 部。荣获教育部高等学校科学研究优秀成果奖（人文社科）二等奖 2 项，浙江省哲学社会科学优秀成果奖一等奖 1 次、二等奖 1 次，浙江省科学技术奖科技进步二等奖 1 次，主持的教学成果获国家级教学成果二等奖等。研究报告获中央和省部级领导批示 40 余次。

启智慧之光，
育未来之才

吴宝秉承"传道、授业、解惑"的教育使命和"强基础、重创新、敢突破"的教育理念，致力于培养具有社会责任感和创新精神的高素质人才。

师道使命，儒者担当

"三尺讲坛"的课堂教学是师者传道授业的重要环节，是学生获取知识，增长见识，提高素质和能力的主要渠道和途径。吴宝重视学生第一课堂的教育，面向本科生、硕士生和博士生等不同层次的学生开设"企业伦理与社会责任""数字创新与商业伦理""学术论文写作""责任与可持续管理""组织与管理理论""社会责任研究前沿专题与文献研读"等课程，其中，"数字创新与商业伦理"课程紧密结合建设创新型国家的战略需求，要求学生参与社会公益活动，将商业伦理与社会责任融入实际行动，课程还巧妙地融入了思政元素，培养学生树立体现中华民族优秀传统和时代精神的价值标准、行为规范。课程荣获浙江省一流本科课程，五年间累计上课人数达到 1000 人以上。吴宝的课堂教学总是生动有趣，课堂上，他特别强调理论与实践的结合，擅长抽丝剥茧、凝练知识要点，通过巧妙的方式帮助学生理清复杂思路，使他们能够深入浅出地掌握专业知识。在提升学生理论素养的同时，也注重激发学生的实践能力和

吴宝在浙江工业大学 MBA 办学二十周年大会上发言

创新思维。他乐于与学生互动，常常在课堂上安排时间让学生分享自己对课程内容的理解，通过这种交流，他能够更深入地了解学生的思考方式，进而从更高层次引导学生分析问题、探索解决方案。吴宝的课总能吸引众多学生，教室里常常座无虚席。他总是谦逊地说："我一直热爱教师这份职业，享受站在讲台上与学生们共同探索知识的乐趣。"

教学相长，诲人不倦

吴宝秉持因材施教、扬长避短的育人理念，深入挖掘每个学生身上的优势与闪光点。他坚信，自学能力是研究生成功的关键。他鼓励学生们主动探索未知领域，通过阅读前沿文献、参加学术会议等方式，不断拓宽知识视野。吴宝对研究生的要求极为严格，从论文选题、实验设计到数据分析与论文撰写，每一个环节都要求学生精益求精。吴宝常常通过小组讨论、模拟答辩等活动锻炼学生们的沟通表达能力与团队协作精神。他非常注重为学生们搭建学术交流平台，经常邀请国内外知名学者来校开展专题讲座，让学生们领略学术前辈的风采。他也充分支持学生们参加国内外学术会议，让他们在实战中锻炼自己，提升学术竞争力。

在研究生培养过程中，吴宝始终致力于营造和谐温馨的团队氛围，注重强化导学思政育人实效。犹记得在一个绿意满盈的春日，吴宝带领研究生团队，展开了一场别开生面的"生态组会"之旅，以"九溪烟树—龙井村—十里琅珰—云栖竹径"为径，将学术研讨的殿堂延伸至西湖群山之间，探寻自然与人文的交响乐，体悟生长的力量。借这次团建机会，吴宝引导学生们将人文社科的研究视角融入生活哲学的解析之中，登顶的成就感与豁达感，如同学术研究中突破难关的喜悦，激励着每一个人继续前行，追求更高的学术目标。在这段登山之路上，学生们深刻体会到无论是学术研究还是人生道路，都需要一颗平和与坚韧并存的心，正如吴宝一直以来所倡导的"坚韧不拔，精益求精"的学术精神。

"我们和森林一样，信仰生长的力量。"在这场生态组会中，吴宝不仅是学术道路上的引路人，更是学生们人生道路上的良师益友。这段登山团建不仅是一次生态组会的实践，更是一次心灵的洗礼与智慧的启迪，将激励学生们在未来的学术道路上，既要如同森林中的每一棵树那样保持独特个性，更要像生态系统那样协同共生，共筑生机勃勃、充满希望的学术绿洲。

吴宝（右一）带领学生开展"生态组会"

薪火相传，桃李满园

千里之行始于足下，万丈高台起于累土。在教育实践与人才培养的广阔舞台上，吴宝以其深厚的学术底蕴与卓越的教育智慧培育出了一批批优秀的学生。2023 年博士毕业的王祺同学，现已成功入职浙江理工大学。自申请吴宝的博士生的那一刻起，她便坚定地选择了跟随吴老师深入研究企业社会责任这一领域。那时，尽管团队在企业社会责任研究方面的积累尚浅，但吴宝凭借其深厚的学术底蕴和前瞻性的视野，带领着王祺和团队成员一同研读前沿文献，沿着领域内先驱者的足迹，逐步深入探索这一重要议题。在吴宝的悉心指导下，王祺的学术之路迅速取得了显著进展。读博期间，她在《管理工程学报》等国内外知名期刊发表多篇论文，这不仅是对她个人努力的肯定，也是对团队共同努力的肯定。毕业后的王祺也经常向吴宝汇报学习、研究和工作近况，她感慨地说："吴老师不仅在学术上给予了我无私的指导和帮助，更在为人处世方面为我树立了榜样。他严谨治学的态度、对学术的热爱以及对学生的深切关怀，都让我深受感动！"

在吴宝的悉心指导下，一批批优秀学子在不同的领域发光发热。博士生顾秋阳的毕业论文被评为 2023 年校级优秀博士学位论文，硕士生黄琼贤则被授予 2023 年校级优秀毕业生称号。此外，他还成功助力 3 名博士生入选浙江工业大学优秀博士学位论文培育计划。在提升学生专业素养的同时，吴宝同样重视培养学生的创新创业能力。他积极指导学生参与中国国际大学生创新大赛、"挑战杯"全国大学生课外学术科技作品竞赛等学生竞赛，指导学生获得了第十七届"挑战杯"全国大学生课外学术科技作品竞赛三等奖、第六届中国国际大学生创新大赛铜奖、第六届浙江省国际"互联网＋"大学生创新创业大赛金奖、浙江省第十七届"挑战杯"交通银行大学生课外学术科技作品竞赛一等奖等优异成绩。

十年间，吴宝以不懈的努力和坚持，培育出了一大批杰出硕士、博士毕业生。他们不仅各自在学术和职业生涯中绽放光彩，更共同构建了一个"团结一心、凝聚力强、锐意进取"的集体。吴宝带领的导学团队被评为浙江工业大学管理学院 2024 年度"四有四好"导学团队。

导师寄语

作为导师，我很荣幸能与大家共成长，见证每一次思维碰撞与创新突破。愿我们以认真态度、坚韧意志和创新追求，继续砥砺前行，共同攀登学术新高峰！

学生感言

吴老师是一位令人敬重的"有为者"，是我人生之路的引路人。吴老师治学严谨，对待学术满怀热忱，将主要精力都倾注于教学科研工作之中。深夜的博易楼中，常常能看到吴老师的办公室依旧亮着灯。吴老师时常叮嘱我们："做学问要不受外界纷扰影响，勤奋努力能够弥补天资的不足，务必脚踏实地做研究。"吴老师亦师亦友，会定期抽出时间同我们喝茶谈心，了解我们在学习和生活中的困惑和需求，为我们答疑解惑、给予心理疏导。吴老师治学与待人之道深深地感染着我，激励我在今后的人生之路上不断进取与奋斗。

——2019 级博士研究生王祺

徐维祥

○━━ 导师简介

　　徐维祥，浙江省产业经济研究资源专家，浙江工业大学经济学院教授、博士生导师，现代化产业体系研究院院长，入选浙江省"新世纪 151 人才工程"第一层次培养名单，兼任中国企业管理研究会常务理事、中国区域经济学会常务理事、浙江省经济学会副会长、浙江省特色小镇研究会副会长。曾获国家教学成果二等奖、浙江省教学成果二等奖、浙江省研究生教育学会教育成果奖二等奖等各类奖项 10 余项；先后被评为浙江省首届教书育人楷模、浙江省优秀教师、浙江省高校"三育人"先进个人、浙江省师德先进个人等。

潜心传道育桃李，
砥砺深耕满园芳

徐维祥自 1986 年入职以来，先后担任过浙江工业大学经贸管理学院党委书记、教务处处长，研究生院常务副院长，党委统战部部长，经济学院院长，现代化产业体系研究院院长等职。在 37 年的教书育人历程中，他逐渐摸索出一套培养学生成长的机制——"五导"机制即"导科研""导思想""导学习""导实践""导生活"。他常说："经世致用，务当世之务，这才是当代青年应该先学会的做人的道理。"

徐维祥常说："科研要解决真问题，要真解决问题。"他始终和学生们强调，研究的课题要紧密连接着时代的脉搏与社会的需求。"国家的需求就是我们的目标，绝不仅仅为了发文章而研究。"这句话他一直挂在嘴边，始终要求学生做符合时代使命、对社会有意义的研究。

在带领学生进行科研的过程中，徐维祥坚持"全过程、浸入式、共同参与"课题研究的指导思想，无论是纵向课题的选题设计、申报、验收，还是横向课题的项目接洽、方案设计、实验应用，他要求学生都要参与其中，让他们完全"浸入"特定的科研环境中，充分发挥他们的创新力和主观能动性，从而在项目实战中掌握文献查找方法、科研技能、实践技巧、论文撰写规范等，以"细节浸入"的方式科研育人，达到"润物无声"的教育境界。

徐维祥深知教育不仅是传授知识，更是塑造人格、培养品质的过程。在他的眼里，每一个学生都是一块璞玉，需要用心去雕琢和打磨。因此，他始终把育人放在工作的首位，用自己的爱心和耐心浇灌着学生们的成长之树。

闻道勤行，春风化雨

徐维祥常常和学生们说起自己读博的经历，"当年我们采集的数据都是纸质的，由于量非常大，一辆小车都装不下，我雇了一辆面包车才把它们从外地运送到朝晖校区"。这些珍贵的数据，让徐维祥通宵达旦、废寝忘食。记不得有多少次，他埋头工作到深夜，办公楼被锁了，他只好绕道从阶梯教室出去。每当他向学生们讲述这段苦中带甜的经历时，徐维祥的眼中总是带着激昂而深邃的光彩，这也激励着同学们向着理想中的学术目标奔竞不息。无论工作多繁重，徐维祥老师的办公室大门随时敞开着，欢迎学生前来交流讨论。年轻人的想法和研究成果经常让他惊喜，"甚至激动得睡不着觉"。

徐维祥与师门弟子之间的关系，早已超越了简单的师生界限。他不仅是学生们的学术导师，更是他们的心灵导师和人生导师。新冠疫情期间，他挨个打电话关心学生们的在校近况和健康情况。他说："我的手机 24 小时开机，只要你们有需求，哪怕晚上 12 点，我也会接电话跟你们讨论问题。"这份关怀如同涓涓细流，滋润着同学们的心田。在师门聚会时，他以长辈的身份分享着为人处世的智慧，以过来人的身份分享着他曾经的求学故事，他的故事和经历让同学们深刻认识到人生的不易和珍贵，也激励着同学们更加坚定地追求自己的梦想和目标。他还总叮嘱学生要加强体育锻炼，要拥有强健的体魄，这份关怀如同阳光般温暖着他们的心。

力耕不辍，矢志创新

一直以来，徐维祥始终保持着开拓奋进的态度，在学术道路上笃志前行。他深耕产业经济和区域经济发展领域，研究造诣日益深厚，成果斐然。徐维祥深知，学术之路永无止境，只有不断学习和探索，方能攀登至更高峰。

徐维祥经常组织学术沙龙和讨论会，鼓励同学们积极碰撞思想、创新思维。2017届应用经济学毕业博士生、现已成为浙江工业大学一名教师的刘程军说："每次参加境内外学术会议，我都能从中学到很多新知识、新观点和新方法，受益匪浅。有些学术会议，徐老师还会亲自带队参加。和徐老师一起出差，我不仅有机会接触到更多的学术大咖和前沿研究，还能在旅途中与徐老师深入交流学术问题，这对于我来说是非常宝贵的学术旅程。"

徐维祥（中）与学生探讨学术问题

徐维祥指导的学生不仅在科研项目立项、日常学习、论文撰写等方面屡获殊荣，更在科研实战中展现了卓越的团队实力。近五年，师门学生中有 12 人次获研究生国家奖学金；1 人的毕业论文被评为校级优秀博士学位论文；2 人的毕业论文被评为校级优秀硕士学位论文；指导学生获浙江省新苗人才计划研究项目立项 15 项，立项率均占学院研究生立项的 40% 以上，最多时达到 100%。在徐维祥的指导下，师门深度参与国家社会科学基金重大项目 1 项，国家自然科学基金项目 5 项，主持完成国家社科基金项目 2 项，主持或参与数十项课外科技项目；学生作为（或等同）第一作者发表论文 34 篇，主要发表于《中国工业经济》《地理研究》《地理科学》《自然资源学报》和《科研管理》等 A 类学术期刊，科研训练和实战的成绩斐然。

教书育人的马拉松，徐维祥长跑 37 年，依旧马力十足。在三尺讲台之上，

徐维祥（左一）与学生一起参加学术研讨会

他风雨兼程，用最执着、最深情的奉献，诠释着立德树人的光荣使命，书写着弘扬教育家精神的生动诗篇。年逾花甲的徐维祥，育人生命依旧青春常驻，学者气质与师者风范蕴藏的力量感召着身边每一位同学踔厉奋发、经邦济世！

 导师寄语

　　同学们，在成长的道路上，不仅要学会做人，也要保持对学习的热情，希望你们都能练就过硬的本领，脚踏实地，不懈奋斗，让每一天都充满进步和希望。期待你们以梦为马，勇往直前，成就非凡未来！

 学生感言

　　徐老师总是以慈祥和蔼的面容出现在我们面前，让人倍感亲切。生活中的徐老师平易近人，他就像我们的大家长一样，总是关心着我们的成长与进步。每当我们遇到困难或迷茫时，他总是毫无保留地为我们提供建议并给予鼓励，让我们倍感温暖、充满力量。徐老师是我学术生涯中的指路明灯，他对我们的教诲与关爱我将永远铭记在心。我会继续努力，不辜负他的期望。

——2022级硕士研究生朱婕

杜群阳

🟡 **导师简介**

　　杜群阳，浙江工业大学经济学院执行院长兼任义乌科学技术研究院院长，教授、博士生导师，入选浙江省"新世纪151人才工程"第二层次培养名单第十二届全国青联委员、浙江省第十一届青联常委，浙江省高校中青年学科带头人、浙江省首届高等学校教坛新秀。主持完成国家级项目4项，国家重大项目子项目3项。在国内外高水平期刊发表论文数十篇；研究成果获教育部中国高校人文社会科学研究优秀成果奖，浙江省哲学社会科学优秀成果奖、浙江省科技进步奖；研究成果多次获得省部级主要领导批示。

教诲如春雨润物无声，
师德似秋菊高洁有香

严谨治学，孜孜不倦

杜群阳常说："我们要时刻紧跟国家战略需求做科研、做学术。"他不断敦促学生们参与顺应时代需求、能够为社会带来积极影响的科学研究。在带领学生开展科研工作的过程中，他要求学生们从现实中提炼真问题，用前沿的方法对现实问题展开系统研究，进而提供切实可行的政策建议。令学生印象深刻的是，每一次组会上杜群阳都会围绕某些国家和区域经济发展的重大问题与同学们展开研讨，从中提炼出值得研究的理论命题。

在育人过程中，杜群阳鼓励学生开拓创新，找寻自己的研究旨趣。在复旦大学做博士后周方兴回忆道："我对宏观经济更感兴趣，这和杜老师的主要研究方向并不完全一致，但杜老师还是鼓励我继续深入研究下去。完成论文初稿后，杜老师提出了细致入微的修改意见，和我一起对文章精雕细琢，反复打磨。通过这样的学术指导，在博士研究生学习期间我的科研能力显著提升，顺利地在《中国工业经济》《经济学动态》等国内重要期刊上发表了论文，获得了博士研究生国家奖学金，并提前毕业。如今回想起来，仍然十分感动。"此外，杜群阳会在恰当的时机给予学生充分的成长点拨。例如在学生临近毕业时，杜群阳会为学生开展职业规划指导，推荐实习机会；他还会与同学交流求职面试技巧，指导他们撰写简历，为其提供职业发展建议。

杜群阳（中）与李中源博士、周方兴博士

潜精积思，极致求索

杜群阳说："大学教师的工作需要不断进行知识体系的更新，要用一辈子的时间来学习与研究。"他认为，导师带领研究生开展学术研究是推动社会进步和科技发展的重要动力。参与导师的课题研究有助于培养同学们的批判性思维和创新能力。

秉持"跟随国家战略需求做科研、做学术"的精神理念，杜群阳带领的科研团队产生了诸多突出研究成果。围绕"一带一路"、开放经济下的高质量发展、ESG 与能源经济等研究领域，他主持完成国家社科基金项目 1 项、国家自然基金项目 3 项、国家社科重大招标项目子课题 2 项、教育部重大招标项目子课题

杜群阳参加国际学术会议

1项，在国内外高水平期刊发表论文70余篇。他执着的学术追求、孜孜不倦的学术钻研精神潜移默化着每一个学生。

勤勤恳恳，夙夜在公

杜群阳自2000年入职以来，先后担任过浙江工业大学经贸管理学院国际贸易系副主任、经贸管理学院副院长、经济学院副院长、经济学院党委书记等职，目前担任经济学院执行院长。在工作中，杜群阳始终为学院的发展兢兢业业，对学生的成长倾注了满腔热情。在2024年新生的"院长第一课"上，他殷切希望新生要"志于道，据于德，精于勤"，为中国经济高质量发展服务，为中华民族伟大复兴奋斗。学生回忆道："讲台上的杜老师熠熠闪光，言语中透露着对家国的真情与忠诚，对学术的坚持与热爱，对后浪的鼓励与期许，让我们对于即将开始的学习生涯充满向往和憧憬，让我们明确了自己想要成为的模样。"

杜群阳高度重视学生就业和校友的发展。为探索校企合作新模式，搭建学生就业发展平台，他率队赴南华期货股份有限公司等优秀企业开展"访企拓岗"行动，有力地促进了学院与企业间的深度交流，为后续的协同合作奠定了深厚的基础，进而实现了教育与产业的双向赋能和可持续发展。在浙江工业大学杭州校友会 2024 年金融论坛上，他号召全体校友共享资源、共谋发展，携手开创金融事业的美好未来。

师者匠心，止于至善；师者如光，微以致远。杜群阳既是学生科研的领航者，也是学生人生路上的引路人。他以学者的高度与师者的温度点亮知识的灯火，以智慧的光芒温暖求知的心灵；他以极致求索的学术精神影响着师门的每一位同学，让学生在学术道路上越走越坚定。

杜群阳（左二）率队赴南华期货股份有限公司开展"访企拓岗"行动

导师寄语

同学们，研究生阶段是一段充满挑战与机遇的旅程。在学术的道路上，愿你们保持对知识的渴望和追求，学会独立思考，敢于质疑，勇于创新。在追求学术卓越的同时，也别忘了关注自己的身心健康。只有拥有健康的体魄和积极的心态，才能更好地应对科研中的种种挑战。最后，愿同学们在研究生阶段取得丰硕的成果，实现自己的梦想与追求！

学生感言

时间如水、岁月如歌！读博的三年时光转瞬即逝，但杜老师在治学等方面的人格魅力对我的影响是一辈子的，没有杜老师在学术方面对我的严格要求和精心指导，很难有毕业后我在科研工作上取得的成绩。正是这份师生情和严谨的学术训练让我的求学生涯倍感温暖且充满力量，由衷地感谢地杜老师的付出和关怀。在未来的学术之路上，学生将继续努力创造新的业绩，以回馈母校和杜老师的这份教诲与关爱。

——2012 级博士研究生郑小碧

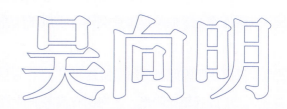

吴向明，浙江工业大学教育学院（职业技术教育学院）院长，教授、博士生导师，自1996年起在浙江工业大学深耕，以卓越教育管理和教学成果著称，荣获国家级职业教育教学成果二等奖，以及校级优秀班主任、优秀共产党员等称号，主持多项国家级、省级重点科研项目，发表论文30余篇，出版专著4部。

倾一腔之热血灌桃李，
用毕生之所学筑高峰

　　徐嘉仪，作为吴向明麾下的一名在读研究生，深情回溯："2023年的金秋，我踏进了浙工大的门槛，荣幸地成为吴老师学术殿堂中的一员。初遇吴老师，他即以广博的胸怀，无私地敞开高职研究的宝贵资源之门，引领我这科研新丁，逐步迈入探索的殿堂。入学以来，吴老师亲自带领我们研析院校质量蓝皮书，深入职业教育的腹地，进行详尽的专业评估实践，使我在磨砺中茁壮成长。科研征途上，他不仅细致关怀每一项研究进展，更在关键时刻慷慨解囊，提供物质与学术的双重助力，让我们得以掌握前沿技术与方法，勇于开辟未知领域，科研之路因此而更加坚实且宽广。"

　　近五年光阴里，吴向明在高等职业教育研究领域硕果累累。他笔耕不辍，发表了多篇高水平学术论文，并编撰了多部专著，这些作品深度聚焦于技能型社会构建策略、高职院校督导评估机制优化、职业教育从专科教育至研究生教育的无缝衔接等核心议题。特别是《我国技能型社会建设策略研究》等力作，在学术界激起强烈反响，屡获权威期刊青睐并被广泛传播，彰显了他深邃的学术造诣与前瞻性的研究视角。同时，他作为多项国家级、省级及横向科研项目的领航人，凭借突出的研究成果，为推动我国职业教育现代化进程作出了不可磨灭的贡献。

　　在研究生培育的征途上，吴向明倾注了满腔热忱。他秉持全面发展的教育理念，不仅紧盯学生的学术成就，更将心比心，关怀着每位学子的身心健康与成长轨迹。他独具慧眼，能精准捕捉每位学生的专业底色与学习特质，运用跨学科视角，引领学生共同攻克学术难关，为他们铺设了一条条积极且可持续的发展路径。他鼓励学生勇于质疑既定，无畏探索未知，让科研实践成为磨砺才华的熔炉。在吴向明的悉心栽培下，学生们逐渐构建起独特的研究范式与学术视角，在学术道路上屡创佳绩。

吴向明尤为重视对学生独立思考与创新精神的培育。他常言："研究之旅，始于问题之 A，终于解决之 B，其间路径万千，需因地制宜，创新求索。"他激励学生走出书斋，深入职业院校实地考察，以求对问题有更加全面、理性且真实的认知。这种开放而包容的学术环境，极大地点燃了学生们的研究激情，推动他们在科研道路上不断攀登新高峰。在吴向明的引导下，学生们深刻领悟

吴向明给学生开讲座

到，科研的价值不仅在于学术上的突破，更在于服务社会、推动时代进步的使命担当。吴向明反复强调，高等职业教育研究应紧贴实际，致力于解决实际问题，以提升教育质量、促进教育公平为己任。这一理念深植于学生们心田，使他们倍加珍视与吴向明老师的师生情谊，视其为人生旅途中不可多得的宝贵财富。

吴向明以其卓越的科研成就与无私奉献，生动诠释了"四有"好老师的崇高精神，成为学生们心中永恒的灯塔与楷模。他的事迹与精神，将如同璀璨星辰，照亮一代又一代学子在科研道路上前行的步伐，激励他们不断追求卓越，实现更高的人生价值与学术理想。

吴向明以满腔的热情与严谨的治学态度，深耕"高等教育学"的教学沃土，巧妙地将启发式教学与互动学习融为一体，旨在点燃学生独立思考与批判性思维的火花。在课堂上，他犹如一座知识灯塔，以其渊博的学识和独到的教学艺术，照亮学生探索未知的道路。他擅长设计启发性问题，如同航海中的罗盘，引导学生主动扬帆，在知识的海洋中遨游，激发他们对高等教育的浓厚兴趣。

吴向明坚信课堂是思维碰撞的殿堂，他积极营造互动氛围，鼓励学生勇于表达见解，珍视每一次思想的交锋。通过耐心倾听与精妙引导，他促进了学生间的思维激荡，让课堂成为智慧火花四溅的乐园。他不仅传授知识，更注重培养学生的批判性思维和解决实际问题的能力，通过引入实际案例，将理论与实践紧密结合，让学生在分析解决复杂问题的过程中深化理解、拓宽视野。课后，吴向明更是学生的良师益友，关心他们的成长点滴，提供学术与生活的双重支持。他鼓励学生积极参与课外活动，拓宽视野，提升综合素养，为未来的学习与工作奠定坚实基础。在他的精心培育下，学生们不仅在学业上取得了显著进步，更在学术素养、思维能力和个人品质上实现了全面发展。

吴向明坚持"以学生为中心"的教学理念，尊重每位学生的独特性，因材施教，激发他们的内在潜能。他建立了一套全面而公正的评价体系，既关注学业成果，又重视成长过程，保证每位学生都能得到个性化的关注与指导。在他的课堂上，学生不仅收获了知识，更得到了智慧的启迪与人格的塑造。他引导学生深入思考教育的本质与价值，鼓励他们成为有思想、有情怀、有担当的教育者。

学生们对吴向明的敬仰之情难以言表，他们感激吴向明不仅传授了宝贵的知识，更教会了他们如何独立思考、如何批判性地审视世界。在他的引领下，学生们学会了自我探索与成长，体会到了教育的真谛——那是一场心灵的觉醒与智慧的传承。吴向明用自己的实际行动，生动诠释了"教书育人"的深刻内涵与崇高使命，成为了学生们心中永远的灯塔与榜样。

在教育这片无垠的沃土上，吴向明犹如一颗璀璨的星辰，以其卓越的教育

吴向明给研究生做讲座

理念和无私的奉献，照亮了教育学院的前行之路。作为学院的领航人，他不仅在学科构建与科研探索中屡创辉煌，更将满腔热忱与智慧倾注于学生的职业生涯规划与未来蓝图绘制中，为学生的全面发展与个性化成长注入了强劲动力，生动展现了教育者的责任与担当。

在吴向明的眼中，每位学生都是独一无二的宝贵种子，蕴藏着未被发掘的潜力与无限可能。面对瞬息万变的社会环境，他深知帮助学生找到个人定位、实现个人价值与社会贡献的重要性。因而，他创新性地实施个性化指导策略，深入洞察每位学生的性格特质、兴趣所向及职业愿景，为学生量身定制成长蓝图。这种精准而深情的关怀，如同灯塔指引迷航之舟，让学生在成长的道路上少了迷茫，多了坚定。

为了让学生更真切地触摸职业脉搏，他不辞辛劳地构建起理论与实践的坚固桥梁。他亲自引领学生踏入高职院校与企业的广阔天地进行深度调研，让学生在实践中体验职业教育的脉动与挑战。另外，他还精心策划了专业动态研讨会、产教融合交流盛会等多元化平台，让学生在思想的碰撞中拓宽视野，在合作的火花中深化理解，为他们未来的职业生涯奠定坚实基础。在吴向明的悉心指导下，学生们不仅在学术领域硕果累累，更是在职业规划上取得了显著突破。以 2023 级硕士研究生黄舶为例，在吴向明的精心栽培下，她勇夺浙江省大学生职业生涯规划大赛省级银奖，这一殊荣不仅彰显了黄舶个人能力，更是对吴向明指导专业性与成效的高度赞誉。

然而，吴向明的贡献远不止于成就的累积。他深知成长之路布满荆棘，学生难免遭遇困境与挑战。面对学生的困惑与迷茫，他总是以一颗温暖的心倾听、以智慧的脑分析，提供切实可行的建议与支持。他鼓励学生直面困难、勇于探索，用坚定的信念与不懈的努力书写属于自己的精彩篇章。对于那些在职业道路上徘徊不前的学生，他更是倾注了大量心血，通过一对一的深度对话，帮助学生拨开迷雾、明确方向，并提供丰富的行业资源与职业发展信息，助力他们跨越迷茫，迈向更加辉煌的未来。

　　吴向明深谙，于这知识日新月异的时代洪流中，终身学习已赫然成为职业征途上不可或缺的航标。他身体力行，积极倡导学生拥抱终身学习的理念，激励他们在职业生涯的征途中，勇于探索新知，精进技能，以灵活应变时代之变迁与职场之需求。他精心筹备了多样化的继续教育路径与专业成长资源，帮助他们紧跟时代脉搏，拓宽职业疆域，锤炼职业素养，为未来的飞跃奠定坚实的基石。在他的悉心引导下，学生们渐渐培育出自律学习的习惯与积极向上的心态，为未来的职业生涯播撒下了希望的种子。吴向明以其卓越的教育理念和无私的奉献精神，在学生职业蓝图的绘制与未来愿景的构筑中，镌刻下了不可磨灭的印记。他不仅是学生心灵的灯塔，更是他们职业旅途中的坚实后盾与同行伙伴。在他的引领下，学生们将怀揣更加坚定的信念，以更加昂扬的姿态，迈向那片属于他们的璀璨星空，用智慧和汗水书写属于他们自己的辉煌篇章。吴向明，以行动诠释了教育者的崇高使命，成为了学生心中永远的榜样与力量源泉。

导师寄语

　　勤学敏思，探索真问题，知行合一，追求卓越，把成果奉献祖国，奉献教育，你们成才，便是我最大的成就。

学生感言

　　吴老师以严谨治学、深厚学识引领我的研究生生涯，搭建学习展示平台，细致指导我们每一项学术探索。从实地调研到学术盛会，他助我技艺精进，视野开阔。撰写论文时，他全力搜集资料，从结构到细节，无不精心雕琢，使论文日臻完善。吴老师不仅是学术导师，更是我人生的引路明灯，其执着追求与精益求精的精神，激励我未来学术之路保持严谨与不懈。吴老师，您是我永恒的良师益友，感激铭记于心。

——2021级硕士研究生朱心怡

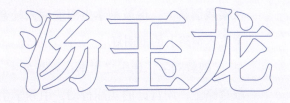

汤玉龙

○ **导师简介**

　　汤玉龙，浙江工业大学教育学院（职业技术教育学院）学术副院长兼应用心理研究所所长，副教授、硕士生导师，主持国家社会科学基金项目、浙江省自然科学基金项目等科研项目，在 SSCI、CSSCI 期刊发表论文十余篇。获浙江省高校"互联网＋教学"优秀案例二等奖，浙江省优秀研究生教学案例等荣誉。

师以匠心弦歌不辍，
赓续初心立德树人

汤玉龙以突出的学术成就和深厚的人文情怀，引领学生在心理学领域持续探索，实现"科教兴国"的伟大事业。在思想引领上，他为人师表，身体力行践行"家国情怀"，以严谨的态度和无私的奉献服务于心理健康事业，是学生追梦路上的引路人。在科研学术上，他深耕心理学领域，追求精确，乐于探真，深入挖掘知识，以严谨态度引导学生面对挑战，是学生科研道路上的指导者。在实践创新上，他鼓励学生深度融入社会，引领他们勇于探索、追求卓越，是学生求学路上的指明灯。

"敬教劝学，建国之大本；兴贤育才，为政之先务。"汤玉龙在润物无声的教育路上，用自己的实际行动，引领学生在科研与人生的征途上砥砺前行。在教学与生活中，他给予学生无微不至的关怀，用行动践行"传道、授业、解惑"的崇高使命，是学生成才路上的领航人。他是学生心目中的好导师，更是学生学习的好榜样。

汤玉龙始终坚持用专业知识服务社会，以兼职咨询师的身份长期与浙江省教职工心理健康教育服务中心保持合作，通过问卷调研、个人访谈等形式，带领学生对浙江省教职工心理健康状况进行调研，形成咨询报告，出版科普读物，助力全省教职工心理健康工作的开展，用实际行动践行"以学术科研回馈社会"的责任与担当。

他鼓励学生积极参与实践活动，沉入基层一线，用所学心理学专业知识回馈社会。2022级应用心理专业硕士生王新智是浙江工业大学第九届研究生支教团的成员，结束支教返校后的第二年，他又在汤玉龙老师的支持下重新踏上四川万源路，继续义务服务山村儿童。在义务支教期间，王新智发现当地留守儿童普遍存在较多的问题行为，山区孩子们的心理健康问题亟须社会重视。在向汤玉龙老师汇报了这个情况后，汤玉龙说："新智，除了教给他们数理化知识，你作为一个心理学的研究生，还能够为他们做些什么？也许能够让他们终身受益的积极心理品质对他们来说更为重要。"

在汤玉龙老师的启发下，王新智利用发展心理学的知识分析留守儿童问题行为的成因，进行了追踪研究，进而考察其中的机制，开发了系列心理辅导课程，协助留守儿童减轻问题行为，增进心理健康及社会适应能力。在汤玉龙的鼓励下，

汤玉龙（左三）指导学生参加实践技能大赛

王新智既实现了"坚守山村教师的情怀"的梦想，又用专业所学切实帮助了西部山区儿童。

汤玉龙的言传身教让学生们深刻感受到，心理学不仅是一门科学，更是一种服务社会的工具。他躬身践履的理念，如不熄的灯火，照亮学生今后的学术生涯和人生旅途，助其不断前行。

勤耕不辍，笃行不怠。汤玉龙鼓励学生选择自己热爱的方向、适合的课题作为努力的坐标，这样在面对错综复杂且难以解决的学术难题时，方能保持探索知识的热情与勇气。2024届应用心理专业硕士生张芷诺是研究生国家奖学金获得者、浙江省优秀毕业生，在汤玉龙的指导下主持厅局级课题1项，获得国家级学科竞赛二等奖1次，发表SSCI论文2篇、CSSCI论文2篇。回忆这几年跟随汤玉龙老师的科研历程，她说道："在跟随汤老师读研的这几年，汤老师

汤玉龙（左一）指导学生组织高中团辅活动

一直鼓励我在感兴趣的领域探索，也尊重我提出的可能还不够成熟的研究设想，在不断地讨论中，他为我提供前沿的研究思路、方法和技巧，不断引领我在学术领域中探索并取得突破。"

在课题组大家庭中，汤玉龙不仅是一位出色的导师，更是一位温暖而坚定的家长。2023级应用心理专业硕士生樊蓉是一位特殊的学生，小时候的一场意外导致她行动不便。她通过自己的努力考入浙江工业大学，并进入了汤玉龙课题组。考虑到学生的特殊情况，他多次奔走为樊蓉创造良好的住宿环境和教学场所，还经常询问樊蓉的康复训练情况，鼓励她保持积极向上的心态。他不仅耐心地解答樊蓉在学业上的困惑，还为她的职业发展提供了建议和指导。

在教学中，汤玉龙总能悉心引导学生，他的学生常常会用"宝藏导师"一词来形容他。现就职于浙江海洋大学心理健康中心的2018级教育硕士郑懿恺回忆起在汤玉龙老师指导下攻读硕士的那几年，他说道："经常是很晚了，汤老师还孜孜不倦地给予我论文上的指导，第七版、第八版、第九版……大到研究方向、论文框架，小到标点符号，汤老师都十分严谨地对待，这让我走上工作岗位后也一直秉持着汤老师的作风，认真地对待教学工作。"

在日常点滴中，学生们总能感受到汤玉龙的关心与爱护。在每次师生互动中，学生们总是被他的人格魅力深深吸引。"我期望能在你们实现梦想的征途中，成为一位助益者。"汤玉龙如是向学生表达，也以此为准则付诸行动。

🟡 导师寄语

愿你们在探索心理学的旅途中，不仅能理解人性的复杂与美好，更能学会以温柔和智慧照亮自己与他人的心灵世界。

🟡 学生感言

　　我因高位截瘫行动不便且需要将大量的时间和精力放到康复治疗中，无论是在学业还是校园生活中，都得到了我的导师汤老师无微不至的热心帮助，汤老师如我人生路上的"铺路师"，帮我跨过荆棘。

　　在生活上，因为我行动不便，汤老师在住宿、教室安排等生活起居上积极与学院协调，妥善安排，如无障碍宿舍、教学楼是否有电梯斜坡等细节，保证了我能与同学们一起生活学习。汤老师如长辈般细心，时常问起我是否能适应校园生活，是否有什么需要帮助的，以及关于我身体康复的进展等。

　　在学业上，汤老师指导我大量阅读他推荐的相关国内外文献。在组会中，汤老师会耐心地针对每位学生提出不同的建议与指导。我受益良多，他的建议与指导保证了我能较快地跟进学习。每次参加汤老师的课后，他会如朋友般贴心地与来接我下课的家人聊我最近的情况。

　　在思想上，汤老师会时常与我聊天，经常鼓励我、关心我。我在学习方面有不懂的地方他会语气温柔地耐心解惑，他也为我将来的就业提供建议与方向，在我的家人为我的未来焦虑担忧时，他会幽默风趣地与他们畅聊我的未来之路。我的导师汤老师不但树立了我学习的自信，而且让我对未来的人生也充满了自信。

——2023 级硕士研究生樊蓉

导师简介

    闫建华，浙江工业大学外国语学院英语语言文学与翻译方向学科带头人，教授、硕士生导师，主持国家级和省部级项目 6 项，出版专著 / 译著 8 部，发表学术研究论文 40 余篇。

春风沐桃李，
"闫师"出高徒

自 1996 年作为引进人才来到浙江工业大学以来，闫建华见证了外国语学院从基础部到英语系再到如今学院不断成长壮大的整个历史过程。她始终本着本本分分做人、踏踏实实做事的原则在教学岗位上辛勤耕耘，三十余载始终如一，深得历届同学的尊敬和好评。

"严"和色悦，春泥护花

"严谨、严格、严密"，在学业方面，闫建华一向以"严"著称。在外国语学院，每每提及闫建华老师，学生们称呼的是"闫"老师，想到的却是"严"老师。在从教的数十年间，闫建华教导了一届又一届学生，她始终秉持"高标准、严要求就是对学生负责"的原则，上好每一堂课，教好每一个学生。

作为一名治学严谨、海人不倦的研究生导师，闫建华的教学经验极其丰富，犹如一本厚重的百科全书。无论何时，她总能为学生提供最全面、最详尽的知识解答。她教过"英语语音""英语口语""英语阅读""英语写作""综合英语""高级英语阅读""英美文学""希腊神话与西方文化""中国神话与中国文化"等一系列课程。对待每一门课程，她都细细揣摩、潜心钻研、认真备课，只为给学生呈现出一堂讲解深入浅出、内容完整深刻、氛围生动有趣的英语课。在教导自己的学生时，她也一向要求严格。尤其是在英语写作方面，闫建华认为写文章必须要言之有物，言之有理，所写文章不仅段落之间要保持逻辑通畅，句子与句子之间也要有隐含的逻辑。大到整体框架，小到标点符号，闫建华都要求她的学生们不得有半点马虎，不得有侥幸心理。

"做我的学生比较辛苦，因为我是按照高标准来训练学生的，这样的学术训练为他们今后的研究生学习或科研道路奠定了很好的基础。"闫建华坦言自己对待学生一向原则分明，做得不好严肃批评，做得好自然会得到应有的肯定。"我是为我的学生好，尽管辛苦是辛苦了点，但学得扎实，写出来的论文很有分量。我的学生们都很优秀。"正是由于她高度负责的态度和润物无声的教导，一届又一届师从闫建华的弟子自然而然地"承其道""扬其理"。

正如严格要求学生一样，在闫建华眼里，关爱学生也是一件非常自然的事情。谈及闫建华老师，2018级学生孙依婷回忆道："有一年中秋节，老师得知我一

闫建华（左一）参加硕士研究生毕业论文答辩

闫建华导师开启教授第一讲：语林启航讲座

个人过节，就将我带到她家，准备了一桌丰盛的菜肴，鲜美的大闸蟹、多汁的肉夹馍以及满满的一碗酒酿。"每每想起这个温馨的画面，孙同学都觉得十分感动，"老师对学生的关心，也如同我喝的这碗酒酿，暖暖的、满满当当的"。身为学术上的指导者，职业生涯的引路人，闫建华用真心换真心，凭借着质朴的道理、深厚的学识以及亲切的关怀，获得了学生们的喜爱与敬重，拉近了与学生之间的距离，深刻诠释了"为人师者"的深厚内涵。正如她所说的那样："交心是相互的，我和学生的关系都比较好，一直保持着联系。"

正所谓教学相长，严爱并济。闫建华虽"严"，但"严"中有"爱"，"严"中存"柔"，是学生们喜爱的"严"老师。她不仅在学术上为学生们提供毫无保留的帮助，更是在生活上给予学生无微不至的关怀，潜移默化之间熏陶了自己的学生。"做老师，其他的认可都无所谓，学生认可你那才是真的认可。"

回顾多年的教学生涯，她感到最自豪的便是得到了学生的认可。师者，传道授业解惑也，何为师也，闫建华者如是。

"言"师正道，春风化雨

时代在发展，学生在更新，教学也需要跟上时代和学生的需求。在当下，酒香也怕巷子深，只注重课程质量而忽视教学形式的革新难免提不起学生的学习兴趣。那么有质量的课程如何跟上教学改革的步伐，不被时代淘汰呢？这无疑是新时代的专业课程建设对闫建华及其团队提出的新课题。为此，闫建华和她的团队坚持传承和创新并举，在保证甚至提高课程质量的同时尝试新的授课形式；坚持探索与守护并重，让教学之树在向上生长的同时向下扎根。他们投入大量时间和精力制作慕课，开创了线下线上混合课授课模式，受到广泛认可和好评。作为慕课制作的带头人，闫建华不放过任何一个细节，切磋琢磨，打造出了高水平、高质量的课程。对于慕课制作中遇到的技术难题，闫建华也会谦逊地向年轻教师学习。"我从年轻老师身上学到很多，他们有活力，有新点子，这是互相学习的过程。"她说道。

在当下这个"大思政"教育全面铺开的教学语境中，对于"何为思政教育""如何思政教育"的问题，闫建华也有着自己独到的见解：思政教育不能为了思政而思政，切忌口号化、抽象化、简单化、有口无心地说教，而应回归到教育的实质，潜移默化、春风化雨。通过讲述真善美、批驳假丑恶的文学故事来唤醒学生心中的"不忍人之心"，激发学生对真善美的认同感，在闫建华看来，这才是真正的思政课。"思政的要诀是要从情感上、从内心深处打动学生，这一点做到了，思政的目的也就达到了。"闫建华说道。

"研"传身教，润物无声

闫建华不仅因她精致的课堂、生动的讲解而获得学院师生的一致喜欢，还因为她潜心科研，在学术研究方面收获了累累硕果。钟情文字又独具慧眼的闫建华总能在阅读中捕捉到科研的灵感。一桌一灯一书海，一俯一仰灵感来，这大概就是她从事学术研究的样子。撰写论文对她来说可能更像是一种通关游戏——打通关卡、完成挑战，而不是一个枯燥乏味的学术任务。"我算不上一名优秀的科研人员，我只是有点喜欢，便去自行研究罢了。"闫建华谦虚地说。

事实上，"优秀科研人员"六个字，闫建华当之无愧。厦门大学教授王诺的生态文学专著令她印象深刻，她就从生态的视角发表了一些有见地的论文。当她发现这方面的研究者众多且研究点多有雷同时，她相信"与其退却去求诸历史，不如勇敢地去求诸未来"，于是她将植物文学与文化批评相结合，取得了突出的成绩。仅这方面闫建华就发表了数十篇学术论文，其中国家级一类期刊论文就有五篇。同时，闫建华所带领的"生态文学科研团队"被认为是学院迄今为止最成熟、也最具潜力的一支科研团队。年轻教师进入团队之后，几乎每人都在校级项目、厅局级项目、国家留学基金项目以及各级论文的发表方面取得了突破性成就。在这些成绩背后，闫建华作为"队长"在选题、改稿、"派活"、外联等方面所做的"技术性"支撑也不可低估。

当然，闫建华取得科研成果的同时，也将自己的研究心得分享给了学生们，提醒学生们外语学习背后容易忽略的要点，如语言学习中的文化内涵。她强调语言学习必须以文化学习为基础，她提出："不懂文化源头，可能永远学不好这一门语言。"她深刻地分析了玫瑰等植物在中西文化背景下不同的寓意及其根源和依据，强调学习语言一定要重视单词背后的文化根源。闫建华向学生们展示往届学生的作业以及生活中的英文翻译等，并分析其中存在的问题，提醒大家注意语言背后的"文化陷阱"，即重视地域文化与神话根源，避免误用。

她指出"外语学习即文化学习",希望学生都能通过学习,增强自己的实力,进而提高国家的文化软实力,为重塑国家话语体系贡献青年力量。她的分享,不仅让同学们震撼于她对生活的密切观察和对中西文化的深入理解。

"Carpe Diem",只争朝夕。闫建华认为这句话最契合她的教学和科研生涯,她也将这句话送给她的学生们,希望学生们都能在最好的青春岁月中投入学习、潜心钻研、不负韶华。

🟡 导师寄语

一名合格的研究生,首先要多读书,读好书,善于思考,在人云亦云时能够运用自己所学大胆设想,细心求证,在寻常中发现超凡,在超凡中发现寻常,此谓学术研究的乐趣和妙趣。其次,在理性思考的同时要充分发挥自己的想象能力和联想能力,这两种能力在特定的时空有助于贯通自己的知识谱系,让自己在"柳暗"中看到"花明",在迷茫中豁然顿悟。

🟡 学生感言

闫老师以渊博的学识和敏锐的文学洞察力,引领我拓展文学研究的维度,领略文学的深邃与美妙。在学术上,闫老师严谨求真,从文本细读到理论剖析,总能以独到的见解和精准的指导让我豁然开朗,将艰深理论转化为生动的学术对话;在生活中,她温暖如煦,始终以包容、鼓励支持、肯定着我的成长。她不仅教会我如何做学问,更以言传身教让我明白何为治学的热忱。闫老师的教诲将永远指引我在文学与人生的道路上坚定前行，能够在研究生阶段成为闫老师的开门弟子，是我最大的幸运！

——2023 级硕士研究生周子萌

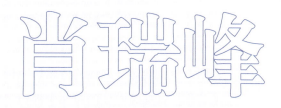

肖瑞峰，浙江工业大学人文学院教授、博士生导师。曾任杭州大学中文系系主任、浙江大学人文学院副院长，浙江工业大学副校长、党委副书记等职。主要从事唐宋诗词及海外诗词研究，著有《日本汉诗发展史》等多种图书，并在《文学评论》等权威刊物发表论文百余篇。先后获教育部及浙江省哲学社会科学优秀科研成果奖 9 项，国家级优秀教学成果奖 3 项。先后获评为国家级教学名师、国家"万人计划"教学名师、浙江省特级专家。

桃李不言，
下自成蹊的学术引路人

在广袤的知识领域中，肖瑞峰以其卓越学识、深厚造诣及不懈探索，成为唐宋诗词及海外诗词研究领域的引路人。自进入学界以来，他凭借卓越的学术成就与非凡的教学才能，赢得了广泛的尊敬与赞誉。2006 年荣获国家级教学名师称号、2011 年成为浙江省特级专家，每一项荣誉都是对他勤苦钻研的肯定。肖瑞峰在他的研究领域里不仅填补了研究空白，更为学界树立了新的标杆。同时，肖瑞峰以"晓风"为笔名，在文学创作领域也展现出了非凡的才华。

肖瑞峰在自己的研究领域精耕细作，深入探索，孜孜不倦。在唐宋众多诗人、词人中，他对刘禹锡的诗歌研究最为深入，出版了多部关于刘禹锡诗歌的学术著作。肖瑞峰在他的著作中探讨了刘禹锡诗歌创作、生平事迹及其在中唐诗坛的地位与影响，且论述了刘禹锡诗歌中的哲学元素和抒情格调，以及他对诗歌艺术形式的极致追求。这些研究成果不仅丰富了人们对刘禹锡诗歌的全面认识，也为后世学者提供了宝贵的学术参考与启示。此外，他在《文学评论》《文学遗产》《文艺理论研究》等刊物上发表过百余篇专题研究论文。肖瑞峰的科研成果不仅数量多，而且质量高。他的研究往往独辟蹊径，有独到的见解。更可贵的是，他始终保持着对学术的敬畏之心，对待每一个研究课题都精益求精，力求做到最好。

肖瑞峰不仅在唐宋诗词研究领域有所建树，在高校的教学岗位上也兢兢业业，以其独特的教学魅力，为学生们带来了一场场心灵的洗礼。在课堂上，他擅长将故事与教学内容巧妙融合，让学生亲身体验古代文学的无穷魅力。更值得一提的是，他擅长将深奥的学术论文以通俗易懂的方式传授，让学生在轻松的氛围中领略学术魅力。为了激发学生的学习兴趣并提高课堂效率，他还引入了讨论式教学方法，鼓励学生大胆质疑，勇于探索。肖瑞峰常在课堂上提出问题，让学生在课后准备，而后组织学生在课堂上发言，并对学生的发言进行指导、总结。肖瑞峰的课堂开放、包容，没有固定答案，只有持续探索的互动，这让许多学生在学术道路上找到了方向，同时也培养了他们独立思考与解决问题的能力。他强调掩卷深思至关重要，所谓学而不思则罔，思而不学则殆，学习需与思考并行，方能真正掌握知识。肖瑞峰教诲学生们：每当心中产生了新的想法，都应立即用笔记录，长期积累并整理就能形成一篇美文。同时，他十分注重将理论与实践相结合，组织学生在业余时间考察与古代文学相关的山川自然，让同学们身临其境，体味作者的心境，以此更好地理解作品。肖瑞峰还与各类工作单位展开合作，建立实习实践教学基地，鼓励学生通过实习实践锻炼自己，已经有 20 多名学生通过实践锻炼显著提升了实践创新与应用能力。

肖瑞峰深知教育的核心在于学生品德与人格的塑造。在他的教学实践中秉持"学术主导，德育为先"的教育理念，以立德树人为核心目标，致力于培养具有高尚道德情操和深厚文化底蕴的新时代青年。他将思想政治教育与文学教学相融合。肖瑞峰在文学课堂上，不仅传授专业知识，更巧妙地融入了对"德"的深刻探讨，通过解析诗句背后的道德理念与高尚情操，引导学生树立正确的世界观、人生观和价值观。肖瑞峰在给浙江工业大学 2024 级人文学院研究生作"浅谈'做人做事做学问'"的讲座中，强调了"德""诚""淡""恒""新"五字箴言对人生的重要性，并告诫学生要远离"惰"与"骄"两大障碍。良好的品德是学习与工作成功的基石，缺乏品德，纵有才华也难以成就大事。因此，他勉励每一位研究生应当时刻铭记以"德"为先，诚以待人，淡泊名利，持之以恒，勇于创新，以勤勉取代懒惰，以谦逊拒斥骄傲。

肖瑞峰开展"浅谈'做人做事做学问'"讲座

在学习的道路上，肖瑞峰犹如黑暗中的一座灯塔，照亮了无数学子前行的道路。作为一位真正的"学术专家"与"教学名师"，肖瑞峰不仅以深厚的学术功底在学术界独树一帜，更以高尚的人格魅力深刻地影响了每一位学生的成长轨迹。

据学生回忆，刚入师门拜谒导师时，肖瑞峰从书架上抽出一本书，将它赠予学生，书名为《弦歌》，是肖瑞峰撰写的一部小说集。每当肖瑞峰有新作问世，总是不忘与学生共享这份喜悦。学生们手捧着一本本书，无不折服于肖老师的文采斐然、匠心独运。每一次阅读，都让学生对文学的理解更加深刻，对肖老师的敬仰之情也越发浓厚。学生还能从肖老师的书中体味到他的学习精神，感悟到人生道理。在《儒风》一书的后记中肖瑞峰曾提到，凌晨天尚未亮之时，他便已伏案创作。学生顿觉汗颜，为自己的拖延懈怠感到羞愧。"晓窗分与读书灯"，这是一种生活态度，更是一种精神坚守。这种坚持不懈的精神，一直鞭策着学生克服自身的弱点，以更加饱满的热情和坚定的信念投身于学术研究之中。

肖瑞峰（左四）受聘为济南大学客座教授并留影

　　肖瑞峰因其深厚的学术造诣、卓越的教学成果和高尚的人格魅力成为无数学子仰慕的名师。他不仅开拓了学术研究的道路，更以言传身教的方式，影响了无数年轻学子的成长和未来。在他的引领下，学生们不仅收获了知识，更学会了如何为人处世。他的故事与精神，如同清泉一般滋润着每一位学子的心田，激励着他们在人生的道路上不断前行，追求卓越，成为社会的栋梁之才。

导师寄语

　　人生有限，而学海无涯。殷切希望年轻学子们潜心学术，锐意进取，努力成为怀珠抱玉而又全面发展的国家栋梁。

　　肖老师，人如其名。他的本名"瑞峰"，在宋朝诗人余复的诗中，指一座高耸入云的山峰，象征着高远与崇高的意境，这恰是他登峰造极的学术造诣和师者仁心的写照；而他的笔名"晓风"，则是他敦儒大道外的另一重境界，如破晓时的清风，携光明与清亮照拂他细细观察与书写的人间，充满裂帛的才思与奖掖后学的宁静力量。所以，作为他的学生，往往容易生出一种集"高山仰止的敬重"与"如坐春风的平易"于一体的奇妙感觉。他在我们这群学生眼中是"人类群星闪耀时"的那颗北斗，是经学致用、引古鉴今的大先生。能成为肖老师的学生，实为人生一大幸事。

——2006 级硕士研究生谢觅之

杜艳艳

　　杜艳艳,浙江工业大学人文学院新闻传播学学科执行主任,副教授、研究生导师,兼任中国新闻史广告与传媒发展史常务理事、中国广告协会学术委员会委员。从事广告与品牌管理的教学科研工作,出版学术专著2部,参编教材3部,在《新闻与传播研究》等期刊发表论文30余篇,主持国家社科一般项目、国家社科基金青年项目、教育部人文社科项目、中国博士后科学基金项目、浙江省学科带头人攀登计划、省属高校基本科研跨学科专项等多项课题,参与完成国家社科重点课题、教育部课题等多项课题。成果荣获中国广告长城奖(学术类)铜奖,浙江省社科联优秀成果三等奖。

向风偏笑"艳"阳人

    "不占园中最上春,向风偏笑艳阳人。"作为一名学者,杜艳艳坚守基础研究,文章不写半句空,始终相信"一分耕耘,一分收获";作为一名教师,她对学生尽心尽责,春风化雨育桃李,润物无声洒春晖;作为一名导师,她一心种花,把学生的事情放在首位,花开四季,万里生香。

博观而约取,厚积而薄发

    作为一名青年学者,杜艳艳在新闻传播学领域所获得的成就离不开其求学过程中的积累与专注。她在硕士阶段就关注商业传播,凭着经济史的基础与对广告学的热爱,2007年成为厦门大学广告学泰斗陈培爱老师的学生。博士期间,她跟随导师做中国广告史的课题,承担了"近代广告史"的部分,这段"横贯古今"的经历为她从事广告研究奠定了认知基础,她深深扎根于近代企业、近代品牌的研究。2012年博士后流动站出站,她进入浙江工业大学工作,成为一名教书育人、潜心学术的"种花人"。"纸上得来终觉浅,绝知此事要躬行",她于2014年通过"中宣部部校共建"进入杭州19楼挂职学习,不断精进自身的实践能力,并于2017年以访问学者的身份重新回到校园,到美国罗格斯大学商学院学习国际商学院的授课方式和战略品牌管理的知识。

    "板凳要坐十年冷,文章不写半句空"。在学术研究上,杜艳艳从课题参与者到项目主持人，迄今已主持完成国家社科项目、教育部人文社科项目、浙江省中青年学科带头人学术攀登项目、中国博士后科学基金项目等 10 余项。2023 年，她再次获批一项国家社科基金，继续深耕广告史论领域，这些成果见证了她十余年的专注与坚持。

杜艳艳不仅在学术研究方面刻苦钻研、辛勤耕耘，坚守基础研究，还努力把理论落到实地，积极参与社会服务，担任浙江省老字号企业协会、中华老字号国潮数字产业园专家顾问委员会专家，架起了一座沟通学界与业界的桥梁，为中国民族品牌的创新发展与品牌年轻化出谋划策。她相继入选浙江省"新世纪 151 人才工程"第三层次培养名单、浙江工业大学首批"青年英才"计划，荣获"浙江省高等学校中青年学科带头人"、浙江省"之江青年学者"，浙江工业大学第十三届研究生"我心目中的好导师"、校"优秀教师"等荣誉称号……

她还担任新闻传播学学科执行主任、硕士点执行主任，兼任中国新闻史广告与传媒发展史常务理事、中国广告协会学术委员会委员，2020 年起，开始担任 ECI Awards（国际艾奇奖）、虎啸奖评委等。这些标签与荣誉见证着她对于专业的热爱与坚持。

笔耕不息，深耕笃行而不倦

笔耕不息，深耕笃行而不倦。尽管身兼数职，杜艳艳始终坚守初心，把学术研究落到实处。除了高质量完成教学工作外，她仍不断提升自己，钻研最新的学术著作和产业实践，在国内外会场宣读论文，提升浙江工业大学的影响力。她时常对学生说，经典论著要多读，温故而知新，读书要深思多问，这种孜孜不倦的学习精神让学生既羡慕又佩服。她常常教导学生，做学术要能坐得住，多学多看多写，浇筑自己的理论基础并打磨学术敏感性，而她自己也的确是这

2019 年 8 月，杜艳艳参加 2019 年美国广告学会全球会议并宣读论文

样做的，她对国际前沿领域、热点问题、新事物时刻保持着高度关注，引领着同学们向更深、更广的学术领域前行。

　　朝斯夕斯，晨兴夜寐并不怨。在学生眼里，杜艳艳总有忙不完的事情，工作时的她似乎有三头六臂，教学、科研、学科事务等工作她都亲力亲为，尽善尽美。学生常常看到她工作到深夜，第二天又热情地迎接每一项工作，这股韧劲儿常常让学生钦佩不已。

春风化雨，循循善诱

春风化雨，诲人不倦且循循善诱。跟着杜艳艳的脚步，"学术小白"也逐渐领会到了一些做学问的方法，与杜艳艳在一起，更多的时候是"我们一起做"。每当学生在学术上遇到困难，她总是耐心地给予鼓励，带着学生们一点一滴地磨、一处一处地改，对于每一个可以成为亮点的地方，都细细展开。这好似一块棱角分明的石头，耐着性子一点一点打磨，竟也渐渐变得有模有样。在课程教学上，杜艳艳循循善诱，讲课时逻辑思维严密，开拓学生思维，让每一位学生都有机会发表自己的见解，并且还会有针对性地给予鼓励和引导。她不是一味地向学生灌输一些呆板的知识，而是善于培养学生自主探究和发现问题的能力。

然而，杜艳艳的魅力远不止于此。她对学生的关爱更是令人感觉如春风拂面般温暖。无论是在学业上遇到困难，还是在生活中偶有失落，学生总能在她那里得到鼓励和肯定。她会耐心地倾听学生的困惑，并给出切实可行的建议。她常说："用勇气改变可以改变的，用胸怀接受不可改变的，用智慧来分辨两者的区别。"她的温柔体贴，如同一缕阳光，照亮了每一位学生的心灵，坚定了他们前行的步伐。

明艳大方，亦师亦友

谆谆如母语，殷殷似友亲。杜艳艳人如其名，活得明艳大方，亦师亦友，是学生眼里的"香饽饽"，也是大家口中"别人家的导师"。

杜艳艳给学生最初的印象就是温柔与美好，她温柔有力的话语好像耳边吹过的清风，沁入了学生的心田，在之后的相处中，学生发现在温柔的性格下，杜艳艳有股平静的力量能够督促着学生不断前进。在学术上，她带着同学们一步一个脚印前行，对他们论文的修改细致入微，文档中密密麻麻的红色批注，像是老师在耳边轻声细语地指导，从格式到用语，从标点到体例。杜艳艳还时常用新观点、新理论引领学生去看不一样的学术世界，让学生逐渐领悟到"所学的专业会决定看世界的方式"这句话的真谛。尽管工作繁忙，杜艳艳还是会抽出时间举办"读书会"，帮助学生不断拓展"传播学"的边界。同时，杜艳艳鼓励学生"以文会友"，她用课题经费支持学生外出学习，参加国内外学术会议，让学生们在宣读论文的过程中精进学术研究的思路与方法。她很喜欢向学生推荐好书，时常引导他们阅读经典，去感受"书中自有黄金屋，书中自有颜如玉"。

2023 年 6 月，杜艳艳（中）与三名毕业生合影

生活虽然不必处处惊艳，但是用心生活的人总是能开出最温柔的花，偶尔的情调、浪漫与仪式感是洒在杜艳艳世界里的光，温暖且明媚。过节时她会细心地给学生准备小礼物，节日祝福与问候甚至比学生们还早一步。偶尔，杜艳艳还会叫学生去她家里，亲自烧菜款待学生，她的这份体贴与仪式感也温暖了每一个人。

杜艳艳就是这样一位无私奉献、关爱学生的好老师。她用自己的智慧、爱心和耐心，指引着同学们在学术研究的道路上不断前行。她的关怀如同一股清泉，滋润着学生们的心田。在她的身上，可以看到一位优秀教师的高尚品质和人格魅力。

🟡 导师寄语

学林探路贵涉远，无人迹处有奇观。

重要的东西只用眼睛是看不见的，要用心去寻找。研究生学习要学会在江河湖海和星辰大地之间不停地寻觅与跋涉，最终所得就会像在沙漠里找到一汪甘泉。

同时，你们也会爱上沿途细碎的星光、风吹麦浪的声音。

🟡 学生感言

在杜老师的指导下，我们学会的不仅仅是如何撰写一篇研究论文，更重要的是如何以严谨的态度去追求真理，如何在学术的海洋中保持一颗敬畏之心。杜老师对于我们而言，不仅是知识的传递者，更是精神的引领者。在她的引领下，我们将带着这份对学术的热爱和敬畏，继续在知识的海洋中探索、走向未来。

——2023 级硕士研究生蔡约

陈前虎

　　陈前虎，浙江工业大学设计与建筑学院院长，教授、博士生导师，兼任浙江省国土空间规划学会常务理事长、中国城科会城市更新学术委员会副主任等。主持国家及省部级基金项目 20 多项，发表国内外核心期刊论文 80 多篇，出版著作 3 部、教材 2 部、译著 1 部，获中国城市规划学会科技奖等 10 余项荣誉。国家首批一流课程"乡建实践"负责人。

满腔热忱育英才，
竭尽所学扶栋梁

    2024 年 7 月，由浙江工业大学设计与建筑学院城乡规划专业陈前虎领衔的"龙门古镇综合教育基地"被评为 2024 年度全国高校综合性教育实践体验基地，这标志着浙江工业大学在校地合作、实践教育领域取得了新的突破。

    这段校地合作的故事始于金华浦江。2015 年，在浙江省住建厅的支持下，浦江县政府做出了美丽乡村建设的规划。当时，浙江工业大学刚刚成立了小城镇城市化协同创新中心，双方迅速达成共识，决定共同推进浦江"四个全面"示范点的建设。同年，浙江工业大学率先在国内举办了"大学生乡村规划创意设计大赛"，开创了"多主体、全过程、基地化"产教协同育人模式，并走进中西部，将这一模式推广复制到全国，为乡村振兴注入了青春力量。

    2019 年，陈前虎将目光投向了杭州市富阳区的国家级历史文化名镇——龙门古镇。通过校地合作，龙门古镇不仅成了学生深入了解乡村、服务乡村的重要平台，也为古镇的保护与发展注入了新的活力。

    经过五年的建设，龙门古镇综合教育基地已初步形成了六大功能板块和十二项特色体验项目。基地主要面向城乡规划、建筑学、风景园林、设计学等设计类学科专业，常年开展党建共建、思政教育、专业教育、联合设计、创新创业、公益科普等活动，呈现出"特色型、多元化、综合性"的建设特点。截至 2024 年，该基地已接待来自美国、德国和非洲的交流使团百余人次，成为展示中国国情和文化的"重要窗口"。

陈前虎（右二）在龙门古镇综合教育基地启动仪式上发言

与此同时，陈前虎开创了"真题真做，真刀真枪，真才真学（简称'六真'）"实践育人新模式。"我们的初衷是打破封闭的教学环境，让学生能够投身经济社会发展一线，使人才培养与区域经济社会发展紧密结合。"学生们在真实的社会环境中完成了从"假题假做"到"真题真做"的转变，不仅提升了专业技能，还增强了社会责任感。

在龙门古镇综合教育基地，浙江工业大学联合其他高校实施了"10（所高校）+1（个基地）"联合课程方案，将短期的"暑期实践"转变为长期的持续性实践，为不同年级的学生提供了丰富的实践机会。

"六真"育人模式极大地提升了学生的家国情怀、创新意识与实践能力。历经实践基地的锤炼之后，许多毕业生选择回到基层，投身于美丽乡村建设。他们更愿意选择成为一名基层工作者，用实际行动践行着"知农、爱农、兴农"

陈前虎在 2022/2023 中国城市规划年会上发言

的使命，继续为乡村振兴贡献力量。短短六年时间，浙江工业大学城乡规划专业培养出了钱爱华、程正俊、李睿杰等多名浙江省和杭州市的学联执行主席，他们在更高的平台上，引导更多的大学生投身乡村建设。《光明日报》、"学习强国"、中国教育网、人民网都曾做过广泛的跟踪报道。

城乡规划是一门综合性学科，它强调知识的整合和创新，"现在大规模的城市化过程虽然趋于稳定，但更大规模的城乡更新工作才刚刚开始"。陈前虎说："在城镇化的下半场，更要引导学生在实践调研中发现真实问题，并善于把现实问题转化为科学问题进行研究选题，只有'知行合一，道法一体'，才能真正培养合格有用的研究生。"

陈前虎还开设了"乡建实践"课程，其设计理念和实施方式是将教育与实际相结合、更是理论与实践的相辅相成。结合"规划设计—现场实习—创业实

陈前虎（左二）带领学生参与课题调研

践"三阶段学习，通过"六真"育人，不仅能够让同学们深入了解农业、农村和农民（知农），还能让他们在实践中感受到农村的魅力和发展潜力（爱农），最终激发他们为农村发展贡献自己力量的热情（兴农）。

作为国内较早建立数字化乡村平台课程的主讲人，陈前虎在信息技术支持教学方面有很多创新做法：通过高空摄像头、航拍、建模，让同学们在实验室里实现远程云端调研；通过设置二维码现场扫码打分的方式实现课程的多主体评价；面对人工智能的发展浪潮，课程团队正在谋划人工智能 AI 辅助设计实践。

陈前虎领导的团队，被称为"虎门"。老虎具有一种独特的气场，恰恰符合陈前虎对学生的培养期望和对团队的建设要求。他希望自己的学生也能够在研究生期间培养出这样一种气场，锻炼出像老虎一样独立谨慎的思考能力和不惧挑战的魄力，做事要虎虎生威、不可马虎，生活要生龙活虎、充满激情，团队成员相处要如虎添翼，共同进步。

陈前虎深知，真正的学术突破离不开团队的合作与共享。因此，他格外注重团队建设，通过多种方式加强成员之间的沟通与交流，帮助彼此建立起了深厚的友谊。无论是线上的微信群、QQ群，还是线下定期举办的师门聚会，每一次互动都是心灵的碰撞，不仅加深了同学们之间的情感联结，更为学术研讨注入了源源不断的生机与活力。在这样的环境中成长起来的学生，不仅专业知识得以提升，更学会了如何在一个大家庭般的集体中发挥自身价值，共同向着更高的目标迈进。

"虎门"的成功，归功于陈前虎前瞻的眼光和悉心培育。他不仅给学生传授专业知识，更重要的是，他教会了他们如何在学术的征途上保持独立思考，在人生的道路上践行执行力，以及在团队的怀抱中体验合作的乐趣与价值。在陈前虎的影响下，"虎门"后生们不仅掌握了扎实的专业技能，学会了如何成为一个全面发展的专业人士，还明白了如何在未来的职业生涯中持续发光发热。

导师寄语

善学者小得，善事者大得，善悟者了不得。我希望并期待着我们的同学通过三年的研究训练，今后在任何领域、任何岗位，做任何事都能"胸有成竹，有条不紊，一丝不苟"。

学生感言

　　陈前虎老师常说："要常怀学习之心，常念感恩之情；要读万卷书，行万里路，高人指路，自己感悟。"在这段学习与研究的旅程中，陈老师是我学术道路上的引领者，极大地拓宽了我的学术视野；他更是我在人生征途上的一盏明灯，他以自身的言行举止为典范，悉心教导我们如何在漫长的人生道路上立身行事，为人处世。

——2022 级硕士研究生黄金烨

吴剑锋

📎 **导师简介**

　　吴剑锋，浙江工业大学工业设计研究院副院长兼任浙江省工业设计技术创新服务平台副主任，教授、博士生导师，入选浙江省"新世纪151人才工程"第三层次培养名单，中国机械工程学会工业设计分会委员，曾主持国家自然科学基金青年基金项目1项、浙江省重点研发项目1项、浙江省哲学社会科学规划项目2项，发表论文70余篇，研究报告10余篇。

剑锋指路扶栋梁，
桃李成蹊共逐光

　　身在校园，吴剑锋醉心于学术研究，始终不忘初心、力学笃行。他坚信，只有他自己不断向前，才能引领学生更进一步。"腹载五车、真知灼见"，这是学生们对吴剑锋一致的评语。他在研究设计认知、信息与交互设计、服务设计、应用人机工程与设计等领域已有二十余年的积累，如今仍旧在探知和教育学生的路上奋力向前，不曾息歇。他在产学研多边修炼中，躬身体悟出技术与设计、设计与社会发展之间的关系，以及安身立命的自我修炼与言教之道。他把根扎在了浙江工业大学，却仍旧不停地将枝叶伸向更广阔的天地。

　　2016 年，吴剑锋主笔完成的研究文章《完善创客空间、打造设计之都政策研究》获得省委常委、市委书记肯定性批示，并发表于《杭州信息（八面来风）》。2016 年，他主笔完成的《浙江省工业设计产业"十三五"发展规划》被浙江省经济和信息化委员会采纳并正式颁布，成为"十三五"时期浙江省工业设计产业发展的纲领性文件。2018 年，吴剑锋的研究项目"断层成像与三维重构关键技术在医疗器械中的应用"获得中国商业联合会科技进步奖特等奖。2024 年，他出版专著《算境幻绘：代码艺术探索》。

　　然而，令学生们折服的不仅是他的学识，还有他的思想、品德与为人之道。吴剑锋强调知识的传授并不是教育唯一的目标，他始终坚持教育应是广泛的，应当包括能力的培养和道德的塑造。因此，他对学生的期望和要求从不局限于学术成绩，而更希望培养他们发现和思考问题的能力，并成为有责任感的人。

他言传身教，学生不仅学习到了专业知识，更领悟到了如何在复杂社会中立足与发展的道理。

"我对你们的要求有三点。第一，我希望你们能在这里学到应有的专业知识；第二，我希望能培养出你们发现问题和思考问题的能力；第三是在道德上，我希望你们能学会做人和做事。"吴剑锋如是说。教育不是片面的，而是广博的，正所谓"经师易得，人师难求"，吴剑锋以自身的学术成就和个人品质，将自己的人生智慧与经验传授给学生，引导学生找到正确的价值观与人生方向。

在校园里，吴剑锋以其独树一帜的教学风范和精益求精的科研精神赢得了师生们的尊敬和赞誉。他不仅是一位成就斐然的学者，在学术领域内取得了令

吴剑锋（右一）赴丽水参与工业设计工作

人瞩目的成果，更是一位深切关怀学生全面发展的良师益友。吴剑锋不拘泥于传统的授课模式，他的课堂总是洋溢着活力与激情。他善于将复杂的设计理论与实际案例结合，通过生动的讲解和互动，激发学生的学习兴趣和创造力。

在他的引导下，学术研究更像是一场冒险，是一段发现未知的旅程。在这个旅程中，学生们学会了如何从不同的角度审视问题，如何在研究中寻找乐趣。也正是在这样的环境中深受鼓舞，他们积极参与课堂讨论，培养出了创造性和批判性的思维。吴剑锋让学生们明白了：学术研究并不是枯燥乏味的，学术研究也有令人激动的闪光时刻；人生之路广袤多彩，该"雕塑"的不只有头脑，还有灵魂。他相信，每个人的成长都是独一无二的，因此他尊重每个学生的个性和选择，鼓励他们追求自己的梦想。

他相信，每一位学者都应该有社会责任感，用知识和智慧为社会的进步贡献力量。他经常带领学生参与到他的研究项目中，鼓励学生将研究成果应用到实践中，解决实际问题，让他们做到知行合一。在吴剑锋的悉心指导下，学生们不仅学会了如何做研究，更学会了如何做人。在吴剑锋的身上，我们见证了一位教育者的情怀、一位学者的执着以及一位导师的慈爱。

截至 2024 年，吴剑锋所带研究生中，有 18 人获得国家奖学金、一等奖学金等高层次奖励，获奖覆盖面达 87.5%。他指导学生发表论文 18 篇，论文发表覆盖面达 46.9%。他指导研究生取得专利成果共 22 项、软件著作权 19 项，科技立项共 6 项，出版专著 1 部。

吴剑锋对学生学业的重视，不仅体现在对他们日常生活的细微关怀中，也体现在课堂讲桌前的精心辅导里，更体现在他对论文的细致批改上。这些看似平凡的小事，在他心中却占据着举足轻重的地位。他常说："对于在读的同学，我可能会比较严厉，希望你们在学术上能更进一步；而对毕业了的同学，我会与你们像朋友一样交流，同时希望你们能生活幸福。"在他面前，学生们无须羞于表达自己的想法，他会认真对待每一位同学的每一个问题，耐心解答他们

我希望他自己 一定要自己经历

吴剑锋在浙江工业大学研究生"我心目中的好导师"纪录片《师道》中谈教学理念

的每个疑惑。学生们常言："能得吴老师赐教，是此生之幸，而他的教诲也将使我们受益终身。"

吴剑锋总是和蔼可亲——无论是在学生遭遇挫折时给予鼓励，还是在无数个深夜和假期的陪伴中，他都给予了同学们面对困难与挫折的勇气；有时他也声色俱厉——对于那些犯错的学生，他的责备能够让人警醒。在工作学习之余，他乐于与学生交流、分享趣事。他时刻关注着同学们的心理健康，会为了了解学生的生活状态、帮他们排除心理问题而关注学生的朋友圈，用点赞与评论的方式与学生平等交流，也愿意聆听学生们倾诉。在吴剑锋的努力下，课题组营造了一个温馨而开放的学习环境，学生们在遇到困难时乐意向吴剑锋求助，也总能放心地表达自己的看法和感受。

吴剑锋不仅是学生求学之路上的导师，更是与孩子们心灵相通的挚友。在生活中，他时刻照顾大家的想法和喜好，师生间总是充满温馨与和谐。无论未来的道路如何变化，吴剑锋的教导都将如星辰般闪耀，照亮学生们的人生之路。

导师寄语

　　每一位学生都是独特的，我希望我的学生们能够勇于探索，坚定信念，追求卓越，你们未来的道路上将充满无限可能。

学生感言

　　感恩大学七年有幸成为吴剑锋老师的弟子！他的谆谆教诲与无私奉献，伴我们走过求知的旅程，启迪我们寻找前行的方向。吴剑锋老师善于将复杂抽象的问题、知识抽丝剥茧，一步步引导着我们去思考、推理、归纳，与他交流永远是平等的、自由的，并受益匪浅。吴剑锋老师于我们而言不仅是传道授业的好导师，更是心灵相通的好朋友，我们亲切地称呼他为"剑锋哥"！他尊重、包容我们的想法和喜好，关心、支持我们的生活与成长，师生间的氛围总是温馨融洽。"桃李不言，下自成蹊。"吴剑锋老师严谨、谦逊、务实的品格和风范将时刻指导我们在人生道路上成为一个正直、有担当的人。

　　　　　　　　　　　　　　　　——2022级硕士研究生蔡于婷

杨杰辉

⬭ **导师简介**

杨杰辉，浙江工业大学法学院教授、硕士生导师，浙江省监察法学研究会、浙江省国家安全法学研究会、浙江省诉讼法学研究会副会长、常务理事、理事，宁波市中级人民法院专家咨询委员会委员。主持国家社科基金项目、教育部项目等省部级以上项目6项，科研成果获浙江省哲学社会科学优秀成果奖三等奖。在《现代法学》《刑事法评论》《中国刑事法杂志》等各类期刊发表论文40余篇，出版专著2部。

凭法学智慧铸未来，
以德才兼备育英才

启迪思维，培育英才

三尺讲台育桃李，一支粉笔写春秋。讲台之上，杨杰辉始终坚持启发式教学，尊重学生的主体地位，致力于培养学生的独立思考能力和创新精神。他引导学生发表自己的观点，耐心倾听后给予肯定；他鼓励学生探索新的思考视角，即使这些思路和方法不够成熟，他也与学生一起探讨其合理性与局限性。开放包容的教学氛围使得学生们总能在杨杰辉的课堂上感受到思想的碰撞和智慧的火花。"在高速发展的现代社会，仅仅掌握书本知识是远远不够的，更重要的是要具备分析问题、解决问题的能力，以及敢于挑战传统、勇于创新的勇气。"杨杰辉由衷说道。

"杨老师会耐心地倾听我的每一个想法。"2018级硕士生王若彤说道，"在杨老师的引导下，我学会了如何从不同角度审视问题，如何挖掘研究领域的深层意义，以及如何将自己的兴趣与学术价值相结合。研究期间，我经历了无数次的思考、推翻、再思考的过程。每当遇到瓶颈，或是思路陷入僵局，杨老师总是能在我最需要的时候给予恰到好处的点拨。他的建议总是那么中肯而富有启发性，让我豁然开朗，继续前行。"

杨杰辉在给研究生授课

育法之才，引领前行

纸上得来终觉浅，绝知此事要躬行。讲台之外，杨杰辉深刻理解理论与实践相辅相成的重要性，致力于为学生搭建一座从书本知识通往现实法律世界的桥梁。

在学生的培养方面，杨杰辉始终坚持让学生在实践中学习，在学习中实践。一方面，他善于将复杂的法律理论与现实案例紧密结合，通过对比国内外司法实践，将深奥的法律原理拆解为易于理解的基本框架，让学生明白法学研究并非高不可攀，只要根基稳固，勇于迈出实践的一小步，就能取得显著的进步。另一方面，他积极联系法院、检察院及知名律所，为学生争取宝贵的实践机会，以期学生能在真实的庭审现场，见证法律程序的严谨与公正，感受法律职业的

杨杰辉（第一排左四）带领研究生在浙江六和律师事务所交流学习

庄严与神圣；在参与法律援助志愿服务的过程中，他希望学生能提升与当事人的沟通交流能力，培养同理心和社会责任感。

此外，杨杰辉还积极搭建学术交流平台，邀请国内知名法学院校的法学专家，联系来自法院、检察院、律所等法律机构的专家来校为学生开设讲座，为学生们打开了一扇通往法学世界前沿的大门。

以爱育心，以责铸魂

新竹高于旧竹枝，全凭老干为扶持。生活之中，杨杰辉以渊博的学识内涵、严谨的治学态度和高尚的人格魅力赢得了学生们的尊敬和爱戴。

在杨杰辉的带领与指导下，团队的学术研究氛围十分浓厚。学生积极撰写论文，在知名刊物发表论文多篇；学生积极参加各类项目申报，多个项目成功立项，多项结项成果获奖；学生积极参加各类学术会议，多篇论文被会议论文集收录并获奖。此外，杨杰辉擅长以谈心谈话的方式了解学生最真实的需求，根据学生的发展意向因材施教。杨杰辉所带的学生中，有多名学生考取了南京大学等高校的博士研究生，多名学生通过了纪委、组织部、法院、检察院等单位的公务员遴选考试，多名学生就职于国浩、锦天城、六和等知名律师事务所及中储粮等央企。

斩获佳绩的背后，是杨杰辉对学生的殷切关怀，是一位老师对学生的爱与责任。作为最新加入杨杰辉研究团队的新成员，2024级硕士生蒋钰妃对新生活的紧张与忐忑在与杨杰辉的初次交流中得到了最温柔的化解。"研究生阶段，是你们人生中一段宝贵的时光，我最大的心愿不是看到你们夜以继日地埋头苦读，而是希望你们能够快乐地生活，健康地成长。学术的道路固然重要，但生活的乐趣与健康的体魄更是我们前行的基石。"在这个快节奏、高压力的学术环境中，杨杰辉像是一位慈父，用最朴素却最真挚的话语，提醒着孩子们爱护自己、不忘初心、珍惜眼前。

 **导师寄语**

百围之木，始于勾萌；万里之途，起于跬步。

学生感言

　　杨老师学术功底扎实，平易近人，乐于引领学生发现问题并且直面难题。他告诉我们，在个人发展上，不要拘泥于当下，要把眼光放得更加长远。同时也要注意健康问题，健康是学习的基础，劳逸结合才能作出好的研究。在杨老师的指点下，我培养了独立思考和解决问题的能力，逐渐能形成自己的学术观点。教学相长，我收获颇丰。杨老师是我心中当之无愧的好导师。

——2023 级硕士研究生张柯煜

李德健

◯ 导师简介

　　李德健，浙江工业大学社会法学研究院（民生保障政策法律研究院）副院长，副教授、硕士生导师。兼任民政部社会组织管理局社会组织专家咨询委员会委员、中国慈善联合会学术委员会委员、中国社会保障学会慈善分会理事兼副秘书长等。在《法学研究》等刊物上发表论文、译文30余篇。曾被评为浙江工业大学青年社科之星（首届）、浙江工业大学优秀教师、浙江工业大学优秀毕业论文指导教师。

持学术之尺量天地，
铸师德之魂育英才

学贵得师，亦师亦友

2022 年，李德健开始担任硕士生导师。他指导的研究生几乎都是"00 后"，作为一名"青椒"，他很快与学生们建立起了融洽的师生关系。李德健通过组织集体活动、小组研讨会等多样化的形式，以"过来人"的身份，设身处地地与学生们亲切交流，了解他们的学习生活情况，并将其学术经验无私地传授给学生们。有学生遇到困难时，他都会不遗余力地提供帮助。桃李不言，下自成蹊。李老师与学生们教学相长，他刻苦钻研、严于律己的精神潜移默化着学生们。李德健表示，自己有幸接触到"00 后"的同学们，他将与学生们在学术探索的旅途中携手共进。这种亦师亦友的关怀与支持，成为学生们在学术追求和日常生活中的坚强后盾。

为克服研究生普遍面临学术研究和就业前景的问题，李德健与学生逐一谈话，在了解学生的真实想法后，他有针对性地为学生们提出学习建议和职业规划指导。他说，教育的真谛不仅在于传授知识，更在于引导学生自主探索世界、发现自我并激发他们的潜能。他也始终以行动践行着这样的教育理念。

李德健（右一）与学生们交流

严谨治学，细致入微

　　笃学不倦、笔耕不辍。开展多项课题研究、发表多篇论文……这一系列科研成果的背后，是李德健深夜伏案写作的夙兴夜寐，是假日独坐书房的宁静致远，更是严谨学术态度的体现。撰写论文时他总是不厌其烦地反复校对，确保内容的准确性、时效性和科学性。在出版《中华人民共和国慈善法理解与适用》时，为保证其具有工具书的参考性、指导性作用，李德健对具体条文内容和出处的准确性要求极为苛刻。在自己多次校对后，他让学生们也参与其中。对于学生们提出的合理建议，李德健总是虚心接受并采纳，这种开放和包容的态度，让他的学术作品既深刻又易于理解。朱雨婷同学感慨道："我想这是李老师的文章能够深入浅出、鞭辟入里而又不晦涩难懂的原因所在。"

这种严谨不仅体现在他的学术研究上，更渗透于他的教学细节之中。正是这样严谨的治学态度和着眼细节的坚持与投入，推动着李德健在教学科研道路上行稳致远。

厚积薄发，桃李芬芳

"志之所趋，无远弗届，穷山距海，不能限也。"李德健常说："人无远虑，必有近忧。"他强调凡事要早做准备。未雨绸缪不仅是对学生的指导，更是他对自己的要求。他常常提前半年乃至一年就确定好了时间规划，并严格按照时间节点有条不紊地完成相应任务，做到有备无患。在他的指导下，学生们取得了不少阶段性成绩：多篇关于志愿服务、非营利组织、个人求助平台的学术会议论文接连发表；在未成年人保护、慈善组织增值保值等领域获得校级科研、实践活动立项 5 次；获得省级、校级荣誉奖励 10 余次。他指导的研究生中，胡超程同学就职于浙江工业大学、邓彦彦同学就职于中国专利代理（香港）有限公司；他指导的本科生中，多人已经或即将去复旦大学、华东政法大学、爱丁堡大学、曼彻斯特大学等国内外名校深造。

少年应有鸿鹄志，当骑骏马踏平川。学子们心怀未来，志气昂扬，锐意进取。在青年求学这个重要的阶段，能够遇到良师益友是无比珍贵的。李德健为学生们种下一颗颗希望的种子，鼓励他们追求自己的梦想，努力实现自己的人生目标。恩师的教诲将成为学生们心中不灭的灯塔，指引他们走向更加光明的未来。

李德健（前排左三）与学生合影

导师寄语

士不可以不弘毅，任重而道远。

学生感言

　　李德健老师在教书育人方面始终秉持以学生为本的教育理念，待人和善、耐心倾听，及时给予学生指导和帮助。李老师不只强调学术和专业知识积累，还重视对学生的人格修养和社会责任感的培养，关心学生的全面发展。李老师以其高尚的品德、渊博的知识和无私的奉献赢得了学生的尊敬和爱戴，是我们学习的楷模，也是我们追求卓越的引路人。

——2022 级硕士研究生赖炫羽

毛建青

⬤● **导师简介**

　　毛建青，浙江工业大学公共管理学院、现代大学制度研究中心教授、硕士生导师，芝加哥大学访问学者，教育部学位中心通讯评审专家，国家自然科学基金通讯评审专家，《高校教育管理》等核心期刊评审专家，主持并完成国家级、省部级课题 5 项，发表学术论文 60 余篇。曾获浙江工业大学研究生"我心目中的好导师"、优秀班主任等荣誉称号。

教育是一场温柔与爱的坚持

用一棵树摇动另一棵树

"生动、活泼、逻辑性强、没有距离感……"点开毛建青的学评教界面，这些是每年都频繁出现的关键词。作为一位兼具教育学与管理学双重学术背景的教育工作者，毛建青以其严谨而不失活泼的教学风格赢得了本科生及研究生们的广泛赞誉。

自 2007 年任教以来，毛建青主要负责讲授研究生课程"公共经济学（双语）""教育经济与财政"和本科生课程"经济学原理""公共财政学""教育经济与管理"，其中，"公共经济学（双语）"被列为浙江省课程思政示范课程。在授课过程中，她尤其注重理论与实践的结合，坚持将抽象复杂的理论概念通过具体生动的现实案例和幽默风趣的语言转化为学生易于领会和记忆的知识。她说："我很喜欢用学生们的话语体系来和他们交流，有时候抛点热梗、用点最当下的案例，不仅能让经济学理论更好理解，也能够拉近我与他们的距离。"对于大多数学生来说，温暖的笑容、充满激情的语言和条理清晰的授课内容永远是毛建青老师课堂的三大标签。

在课程设计上，毛建青也非常注重学生逻辑思维能力和口头表达能力的锻炼，她常常设计富有挑战性的讨论课，引导学生运用所学知识大胆表达。在"教育经济与财政"课堂上，围绕课程话题的学术辩论赛永远是必备环节。"虽然辩论很难，但我觉得这是让我走出舒适圈的一次勇敢尝试，我的思辨能力得到了很大的提升。"一位 2023 级研究生这样感慨道。毛建青也深知外语能力在学术研究中的重要性，在每一门课上，她都会安排外文文献研读，为同学们将来的科研工作打下坚实的基础。

毛建青不仅在教学上勤勉耕耘、悉心教导，在科研上也不懈探索、追求卓越。她坚信："要把学生造就成一种什么人，自己就应当是什么人。"她积极投身于教育经济与财政等领域的科研工作，立足于我国建设高等教育强国的战略目标，扎根中国特色的现代大学制度的实证研究，产出了一系列高质量学术成果。至今，她已出版独著 1 部、合著 7 部，主编教材 1 本，并在《北京师范大学学报（社会科学版）》《教育发展研究》《高等工程教育研究》等核心期刊发表学术论文 60 余篇，其中 7 篇被人大复印资料全文转载，1 篇被《新华文摘》（网络版）全文转载。她还主持和参与了多项国家级、省部级课题。

用一束光守护一段成长

从 2011 年第一次正式担任研究生导师至今，毛建青已经守护了 50 余名研究生的成长。她不仅是学生们学术研究路上的引领者，更是他们人生道路上的指导者和陪伴者。

十余年的时光里，她充分运用自己在教育学和心理学领域积累的知识，不断涵养启智润心、因材施教的育人智慧。在她心中，每一颗种子都是独一无二的存在，皆应觅得那最契合自身的土壤，皆应盛绽成各不相同、绚丽多姿的花朵。面对具有交叉学科背景的研究生，她便鼓励其多开展跨学科的研究尝试；面对具有相关实践经历的研究生，她就支持他们从实践中挖掘有价值的研究问题……毛建青主动发掘学生特点，培养学生的问题意识和创新能力，引导其尽早确定研究方向和选题。

此外，在论文写作上，无论是篇章结构、观点提炼、文字表达，还是标点符号，她都会耐心、细致地点出问题并进行指导，确保学生能够撰写出高质量的学术论文。同时，她也鼓励学生积极参与课题申报、学术竞赛等实践活动，锻炼科研创新能力。在她谦逊务实的学术态度和因材施教的教育理念的引导下，许多学生都练就了扎实的科研本领并找到了最适合自己的学术研究方向，在科研道路上取得了累累硕果。

陶行知先生曾说："教育者不是造神，不是造石像，不是造爱人，他们所要造的是真善美的活人。"这也是毛建青始终奉行的育人准则。于她而言，用最深沉的爱浇灌学生成长，培养每一个学生成长为"大写的人"，是她的使命和荣光。她是学生的学术引路人，更无微不至地关心着学生们的日常生活和心理状态，在亦师又亦友的对话中，她给予学生最贴心的关怀和帮助。

毛建青（左三）指导学生参加学术竞赛

"先做人，后做事"也是她时常挂在嘴边的话。她希望每一个学生都能踏实做人，成长为积极向上、充满阳光的人，这是为学的基础，也是做事的前提。因此，她总是充分支持学生参与各类学生工作和社会实践，鼓励他们磨炼实践本领、领悟处事之道、提升综合素质，为将来走上社会大舞台奠定扎实基础。同时，她也叮嘱学生要平衡学习、工作与生活，多发掘生活的美好，找寻独属自己的一隅之地，做到既热爱学术也热爱生活。用爱守护、用心浇灌，她十余年如一日的坚守成为照耀每位学生"研途"最温暖的光。"跟随毛老师学习的1200多天，是我生命中最重要、最幸福的时光。"目前已经在南方科技大学从事博士后研究工作的2016级硕士研究生陈文博这样回忆道。

用一双手推开一扇窗

　　担任研究生导师的十余年，毛建青最大的感受是"累并快乐着"。尽管在指导学生的过程中不时会面临许多压力和挑战，但每当她看到学生们取得的点滴进步和成就，所有的疲惫仿佛瞬间消散。她从未感受到职业倦怠，始终保持着对教育事业的无限热忱。无论是培养的入口关还是出口关，她总是坚持陪伴学生们走好研究生生涯的每一段旅程，为他们打开看向未来的舷窗。面对有升学意向的学生，她会认真指导学生做好基础的学术训练、产出高质量学术成果，并为学生申请高校提供诸多支持；面对有意向直接就业的学生，她也会鼓励学生多开展实习实践，同时为他们积极推送招聘信息。十余年来，毛建青辛勤栽培出了一批兼具理论知识与实践能力的优秀学生，她指导的3位硕士研究生获浙江省优秀毕业研究生的荣誉称号，1位公共管理硕士（MPA）研究生的实践成果获评浙江省专业学位研究生优秀实践成果。此外，她指导的学生在《复旦教育论坛》《教育发展研究》等核心期刊发表学术论文30余篇，获中国研究生

毛建青（左三）和毕业生们

公共管理案例大赛优秀奖、浙江省公共管理案例大赛二等奖、浙江工业大学"挑战杯"全国大学生课外学术作品竞赛校内选拔赛一等奖、浙江工业大学"运河杯"大学生创业大赛校内选拔赛二等奖等 20 余项。

　　"双手扶持千木茂，一心培育百花开"。一直以来，毛建青用心做事，传道解惑；用情育人，润物无声。她见证了一颗颗梦想的种子破土而生，成长为巍巍大树；她也用自己的光让一艘艘航行的小船坚定前行，驶向未来。于她而言，教育是一场温柔与爱的坚持。

导师寄语

希望同学们以开放积极的心态、坚韧不拔的意志和持之以恒的决心，心怀梦想，勤奋学习，探求真知，学做真人！

学生感言

学术探索的征途中，老师以她那严谨求实的治学精神和条理清晰的思维逻辑为我点亮了前行的明灯。从科研选题的精心雕琢，到论文撰写的字字斟酌，乃至标点符号的细微之处，老师皆亲力亲为，细致批改，每一笔都凝聚着她对我的殷切期望与无私奉献。而在生活的广阔舞台上，她也是我的心灵导师。无论是生活中的困惑，还是情感世界的波折，老师总能以她独特的视角和温暖的话语为我指点迷津，让我豁然开朗。我将永远铭记这份师生情谊，怀揣感激之心，继续在学术与生活的道路上奋力前行！

——2020级硕士研究生邹加严

章秀英

导师简介

章秀英，浙江工业大学马克思主义学院副院长，教授、硕士生导师、浙江省思想政治教育学科研究会副会长，浙江省高等学校中青年学科带头人。曾获评高校思想政治理论课教师年度影响力提名人物，主持国家社科基金项目及省部级以上课题十多项，并在《马克思主义与现实》《政治学研究》等期刊发表学术论文数十篇，出版专著多部。研究方向为青少年思想政治教育、马克思主义中国化。

以诚意正心为本，
以格物致知为先

教学有方，力学笃行

1972 年，章秀英出生于浙江兰溪。作为一座 "溪以兰名，邑以溪名" 的城市，兰溪深受理学文化浸染，在其 1300 余年的历史中培育出了灿若星辰的各类人才。他们或知行合一，教育为民；或恪尽职守，尽忠竭节；或正色立朝，为民请命，深刻展现了兰溪文化中理性、正气的一大特质。

章秀英身上也同样带有这样的特质。在浙江大学获得法学博士学位后，她将研究方向放在青少年思想政治教育、马克思主义中国化等领域，并成了一名大学授课教师，承担本科生、硕士生等各学段思政必修课以及专业课程的教学。1994 年的秋天，她第一次被叫作 "章老师"，而在这之后的数十年中，章秀英始终坚持亲力亲为，以新颖的知识和严密的逻辑获取学生的认同，以有趣的案例和高尚的情感丰盈学生的情感体验，以理论与实践结合的方式促进学生认同主流价值观。因此，每当提到章老师的课程，同学们总是会露出兴奋、期待的眼神。

章秀英的课程总是具有一种与众不同的教育魅力，因为她知道学生们想听什么、想学什么，也知道如何将现实生活中发生的事情与理论相结合。同学们总是评价章秀英的课程内容与时俱进，因为她不仅会采用同学们喜闻乐见的方式传授课程的内容，也会通过多种途径了解选课同学对课程的意见和建议，关

章秀英为学生们上"开学第一课"

心同学们的所思所想，不断改进授课方式。大家都说章秀英是一位好老师，因为在教学过程中，她总是不忘联系社会现实以提升思政课的针对性和吸引力，更会坚持发挥思政课的价值引领作用，引导同学们树立正确的思想价值观念，推动思政课教学方式方法的创新。

砥志研思，承学之士

受到"文雅通达、精益求精、实干图强"兰溪精神的影响，章秀英身为马克思主义学院副院长，虽然忙于各项行政事务，却一直保持着严谨自律的学习和科研节奏。她一直不忘自己是一名科研工作者，在主持并完成多项科研课题及教学改革项目的同时，还发表了大量学术论文，出版了多部专著。白天，章秀英需要为学生授课解惑、参与各项会议；夜晚，便是她的个人阅读和写作时间。同学们有时向她请教，即使时至深夜，她也会耐心解答同学们提出的疑问并与同学们就该疑问进行探讨。学生们讲起章秀英时，总是对她的严谨自律、精力充沛敬佩不已。

受到章秀英这种严谨自律的工作态度的影响，她的学生也自觉地向她学习。她治学严谨——每一个科研项目的申请、每一篇学术论文的撰写、每一本专业书籍的出版，她都精益求精，确保每一个用词、注释、标点准确。因此，章秀英的学生也如她一样始终保持对知识的热忱和对学术的信仰。学术不能急于求成，要享受其中的快乐依靠地便是夜以继日、艰苦卓绝的努力。

躬行实践、格物致知，章秀英总是认真做事、诚心行事，眼里闪烁着对自己所行所学的笃信与认同。她自己这么做，也指导她的学生这么做，并用最朴实的话语传达她的态度：写论文改论文的过程虽然很痛苦，但是只有通过这种锻炼才可以不断提升学术能力。这种能力可以使人终身受益。因此，她希望她的学生不要被困难吓倒，而要笃志不倦、坚韧不拔。

桃李不言，下自成蹊

作为一名研究生导师，章秀英在学生们的眼中，是严师、良师，也是益友、好友。尽管章秀英工作很忙碌，但她始终关注学生们科研的最新进展、督促同学们开展学业。开组会的时候，认真严谨的章秀英会提出问题和建议，这是思维碰撞出火花的时刻；组会后的闲暇时间，学生们谈起自己的生活近况，她总是温柔地提出看法与见解。无论是即将步入职场的研三同学，还是刚刚踏入科研大门的研一新生，都能在章秀英那里找到最适合自己的生活和学习答案。

章秀英成为教师已有数十年，但仍然保持着初入教师行业的那股热忱。她说要多看书、多努力、多学习，各项事务都要努力做到最好，因此整个师门内

2024 年毕业季，章秀英（左四）与学生的合照

都洋溢着好学之风。她的话不多，却行事磊落大气。她和学生们说，要"学会独立""做好人也要做好学问"，而她自己也是这么做的。

兰苣傍溪，沅芷澧兰，正是在章秀英的指导下，她的学生们也在自己的学习生活中逐渐成长起来，渐渐懂得为人处世的道理。无论是在科研上，还是在教学中，章秀英都在用自己的一言一行身体力行地诠释着什么是"以诚意正心为本，以格物致知为先"。

 **导师寄语**

勤勤恳恳做事，认认真真做人。

学生感言

　　"何其有幸，知遇良师。"我第一次见到章老师是在新生入学的宿舍楼里，那时便觉得章老师好亲切；后来与章老师相处愈多，愈觉得她学行修明，像是家中的长辈。章老师是很好的老师，她总是教导我们，做学问不能急于求成，做学问在于研读积累——正是因为她的指导，我很少焦虑，而是更多关注自己的学习节奏。我一直觉得自己是幸运的，能够遇到很好的导师、读自己喜欢的书、每天亦有所收获且有所成长！这样的日子使人感到幸福……

——2023级硕士研究生王予烨

导师简介

　　肖剑忠，浙江工业大学马克思主义学院教授、硕士生导师。浙江新时代党的统一战线研究浙江工业大学基地首席专家兼执行主任、浙江党建研究会特邀研究员、浙江省委党校全面从严治党研究中心研究员、浙江省政治学会和马克思研究会常务理事、"2015年度中国人文社科最具影响力青年学者"入围学者。

春风化雨育英才，
桃李不言自成蹊

学术共同体：学高为师，身正为范

在知识日新月异的今天，肖剑忠始终紧跟时代步伐，以开放的心态接纳新知，以严谨的态度对待学术。他凭借扎实的专业知识、深厚的理论功底、过硬的教学能力赢得了学生们的尊重和认可。

肖剑忠的求真精神深深影响着他的学生。每个月，肖剑忠都会组织学生进行学术聚餐，以轻松愉悦的方式带领大家交流、分享党史党建相关文献的阅读感悟，并对专业知识进行普及和讲解。他鼓励和支持学生参与学术活动和讲座培训，重视学生撰写学术论文，尤其是研三学生的毕业论文。他会召集师门全体成员逐字逐句通读论文，并在这一过程中集思广益，对论文逐一进行修改，为毕业班同学提供指导和帮助。

在肖剑忠的引导下，学生们不仅在学术能力上得到了极大的提升，更在思想和实践上收获了宝贵的财富。肖剑忠深知，学术研究不仅仅是书本上的知识，更要与实际工作紧密结合，解决现实问题。他鼓励学生走出校园，深入社会，通过实地调研来丰富自己的学术视野和实践经验。近年来，肖剑忠带领学生开展调研活动数十次，包括基层社区党建调研、国有企业党建调研、非公企业党建调研、工程项目党建调研、社会组织党建调研和学术论坛调研等。每次调研结束后，肖剑忠都会将实际调研情况与党建相关研究相结合，和学生们一起整理归纳调研的收获和成果。这种理论与实践相结合的教学方法，极大地提高了学生们的实践能力和创新思维。学生们不仅能够近距离地观察和了解党建在不同领域的实际运作情况，还学会了独立思考、自由探索，更学会了如何将知识转化为实践，将理论应用于现实。

情感共同体：春风化雨，润物无声

善教者，使人继其志，学生的成长离不开导师的用心培育。肖剑忠以教育规律铺就学生成长之路，以父母之心照亮学生研途之行。他深知，教育不仅仅是知识的传授，更是情感的交流和心灵的触碰。他从不同年级学生的心态出发，

肖剑忠（右四）带领研究生进行社会调研

耐心地倾听学生们的心声，从而敏锐地捕捉到学生们的细微变化，给予学生们真诚的理解和支持。例如在平时交流和月度聚餐中，他会主动关心学生们的日常生活，询问研一同学的日常喜好，了解研二同学的实习近况，缓解研三学生的毕业焦虑。他鼓励学生们要相信自己，要勇敢地追求自己的梦想。在肖剑忠的引领下，学生们学会了如何面对挑战，如何克服困难，更学会了如何在逆境中成长，如何在挫折中前行。

肖剑忠还特别注重培养学生的爱国之情。他经常在假期带领学生们前往革命圣地和改革开放前沿阵地参观考察，让他们在实地考察中触摸生动历史、接受革命精神洗礼。这些年，他们去过革命圣地井冈山，去过革命老区江西吉安，参观过广州农民运动讲习所纪念馆，瞻仰过深圳莲花山邓小平雕像……实地参观考察，对同学们来说，就是一个读无字之书的过程，就是近距离学习党史、传承红色基因的过程。

事业共同体：师恩难忘，学子情深

在肖剑忠的学生心中，他不仅是一位传道授业的师者，更是一位引领人生航向的智者。对于那些已经踏上社会征途的毕业生，肖剑忠给予一如既往的关心和热情的指导。他不仅关心他们的学术成长，更关心他们的职业发展。他倾注着自己的智慧和力量，结合自己的所长和所思，给予指导和帮助，同已毕业的学生实现跨领域的学术合作。

在首次申报课题时，2023届毕业生吕明艳遇到了不小的挑战，她感到迷茫和不知所措。在这种关键时刻，她向经验丰富的肖剑忠老师寻求指导。肖剑忠不仅倾囊相授，分享了自己过往的申报经验，还将自己曾经的申报书无私地提供给吕明艳作为参考。在肖剑忠的悉心指导下，吕明艳最终确定了课题题目——

"浙江民营企业流动党员管理困境及破解策略研究"，并成功获得了浙江省委党校的课题立项。在随后的一年时间里，吕明艳全身心地投入到课题研究中。2024年暑假，肖剑忠前往广东进行课题调研时，特意带上了吕明艳。这次调研之旅不仅让吕明艳有机会实地收集与自己课题相关的宝贵数据，也让她在实践中进一步深化了对课题的理解。肖剑忠的无私奉献和悉心指导，不仅帮助学生们在学术领域取得了显著成果，更重要的是，他为学生们在职业发展和人生旅途中注入了坚定的信心和力量。这种精神的传承，无疑是学生们成长道路上的宝贵财富。

　　近三年来，肖剑忠以其卓越的教育理念和实践，为国内党史党建的发展培育了一批批品学兼优、专业知识过硬、可独当一面的优秀人才。每一位肖门毕

肖剑忠（中）与毕业研究生合影留念

业生就如同一颗璀璨的星星，照亮了肖剑忠教育成果的星空，也是他对教育事业无限热爱的最好证明。在肖剑忠的引领下，学生们学会了如何在学术上追求卓越，在职业上追求成功。他们毕业步入工作岗位后，始终铭记着肖剑忠老师的教诲，将所学知识和理念运用到实际工作和生活中，为社会的发展贡献着自己的力量。

肖剑忠培育英才的故事，是一段润物无声的教育旅程。在这条教育的道路上，肖剑忠将继续以他的智慧和热忱为学生们的成长提供滋养，培养他们成为社会的有用之才。

导师寄语

多听名师课，多看经典作，多向未知索，多经实践磨，成果自然多。

学生感言

老师的敬业精神和对学生无微不至的关怀，是学生学术生涯中的宝贵财富。肖老师和蔼可亲，善于倾听学生意见，耐心指导，激发学生潜能。肖老师不仅给我传授知识，更注重培养我的批判性思维与独立研究能力。每当我陷入阶段性研究瓶颈期时，肖老师都会给予指引和点拨，帮助我突破困难、开拓新的研究思路。他对学术充满热情，以其深厚的专业造诣引领学生探索科研殿堂。

——2022 级硕士研究生王丽

后 记

　　《溯采师道：研究生导师的育人故事》记录了浙江工业大学 48 位研究生导师的育人故事，生动展现了研究生导师学术为舟、育人为楫的教育图景。本书从前期筹划到撰写初稿，再到数次修改打磨、校对成稿，历时颇久。

　　本书的出版得到了浙江工业大学各级领导的关心和支持，全校相关学院亦给予了大力协助。在此，谨向参与编写本书的各位老师、同学和校友代表表示衷心感谢。同时，也特别感谢浙江大学出版社各位编辑为本书所做的大量工作。

　　参与本书编写的具体人员有（按姓氏音序排序）：蔡姚杰、陈佳妍、陈钧、戴元章、冯帅、韩姝盈、黄银刚、金华希、孔奕童、李丹琳、李思思、凌嘉虹、刘铭心、毛尹于、孟佳琪、戚凤、邱宵和、申屠旭阳、孙锦尉、谭贻尹、陶正宇、童琳琳、王凯丽、王璇、王真真、魏佳艺、项婧怡、徐梓俊、叶贝贝、于焯坤、俞泱、张菁、张星月、张亦瑄、衷培圆、周晶、朱松岩、朱心怡。

吴巨慧

2025 年 5 月